建设宜居宜业和美乡村
推进农业农村现代化

《农民参与乡村建设知识问答》编写组

农民参与
乡村建设

知识
问答

农村读物出版社
中国农业出版社
北 京

主　　编　刘爱芳

副 主 编　刁乾超　任红伟

参编人员　王陈路　陈　灿　李昕昱

　　　　　　李文革　黎　煜

前言 PREFACE

　　以习近平同志为核心的党中央高度重视乡村建设。习近平总书记深刻指出，要牢记亿万农民对革命、建设、改革作出的巨大贡献，把乡村建设好；要发挥农民主体作用，真正把好事办好、把实事办实。党的十九大提出"产业兴旺、生态宜居、乡风文明、治理有效、生活富裕"的实施乡村振兴战略总要求。党的十九届五中全会提出要实施乡村建设行动，强调把乡村建设摆在社会主义现代化建设的重要位置。党的二十大进一步指出，统筹乡村基础设施和公共服务布局，建设宜居宜业和美乡村。

　　2022年，中共中央办公厅、国务院办公厅印发了《乡村建设行动实施方案》，要求建立自下而上、村民自治、农民参与的实施机制，坚持政府引导、农民参与的原则，坚持乡村建设为农民而建，尊重农民意愿、广泛依靠农民、教育引导农民、组织带动农民搞建设，不搞大包大揽、强迫命令，不代替农民选择。

　　2023年1月，国家乡村振兴局、中央组织部、国家发展改革委、民政部、自然资源部、住房城乡建设部、农业农村部联合印发《农民参与乡村建设指南（试行）》，分为7章36条，明确了组织动员农民参与村庄规划、项目建设和设施管护的工作要求，对完善农民参与乡村建设机制进行部署，规范了农民参与乡村建设的程序和方法，为广泛依靠农民、教育引导农民、组织带动农民共建共治共享美好家园提供了政策依据和工作指引。

　　为帮助广大农民更好地理解乡村建设，引导农民用辛勤劳动建设宜居宜业和美乡村，我们以《农民参与乡村建设指南（试行）》为依据，采用一问一答一图的形式，为农民参与乡村建设答疑解惑。全书语言通俗易懂，图文并茂，兼具知识性、趣味性与可读性，便于广大农民阅读。由于时间仓促，水平有限，遗漏与不妥之处在所难免，恳请读者批评指正，以便再版时修改。

本书编写组

2023年2月

目 录
CONTENTS

前言

I

第一章

基础知识

1.什么是乡村振兴战略？

乡村是具有自然、社会、经济特征的地域综合体，兼具生产、生活、生态、文化等多重功能，与城镇互促互进、共生共存，共同构成人类活动的主要空间。长期以来，在城乡二元体制的现实国情下，广大乡村为工业化、城镇化和现代化的快速发展作出了巨大贡献；但同时，乡村自身发展明显落后，水、电、路、气、房等基础设施，教育、医疗、养老等基本公共服务，人才、信息资本等基础要素都存在明显短板，农业农村基础差、底子薄、发展滞后的状况尚未根本改变，成为新时代社会主要矛盾中表现最突出的部分，现代化建设中最薄弱的环节，我国经济社会发展中最明显的短板。民族要复兴，乡村必振兴。如果没有广大乡村的高质量发展，全面建设社会主义现代化强国就失去了有力支撑，中华民族伟大复兴就失去了坚实支撑。在全面建设社会主义现代化强国、实现第二个百年奋斗目标的过程中，最艰巨最繁重的任务在农村，最广泛最深厚的基础在农村，最大的潜力和后劲也在农村。

针对这些现实情况和问题，2017年10月，党的十九大提出要实施乡村振兴战略。在2017年年底的中央农村工作会议上，习近平总书记系统阐释了走中国特色社会主义乡村振兴道路，提出坚持走城乡融合发展之路、共同富裕之路、质量兴农之路、乡村绿色发展之路、乡村文化兴盛之路、乡村善治之路和中国特色减贫之路。2018年全国两会期间，习近平总书记参加山东代表团审议时，强调要推动乡村产业振兴、人才振兴、文化振兴、生态振兴、组织振兴。2018年9月，习近平总书记在主持第十九届中央政治局第八次集体学习时，再次对实施乡村振兴战略进行系统阐述，明确提出了实施乡村振兴战略的总目标、总方针、总要求和制度保障。

实施乡村振兴战略，总目标是农业农村现代化，总方针是坚持农业农村优先发展，总要求是产业兴旺、生态宜居、乡风文明、治理有效、生活富裕，制度保障是建立健全城乡融合发展体制机制和政策体系，统筹推进农村经济建设、政治建设、文化建设、社会建设、生态文明建设和党的建设，加快推进乡村治理体系和治理能力现代化，走中国特色社会主义乡村振兴道路，促进农业高质高效、乡村宜居宜业、农民富裕富足。2017年，党的十九大通过了《中国共产党章程（修正案）》，把乡村振兴战略写入党章。2018年9月，中共中央、国务院印发《乡村振兴战略规划（2018—2022年）》，对实施乡村振兴战略作出具体安排。2019年，党中央制定了《中国共产党农村工作条例》。2021年4月29日，十三届全国人大常委会第二十八次会议表决通过《中华人民共和国乡村振兴促进法》，标志着推进乡村振兴战略的"四梁八柱"基本建立，乡村振兴成为新时代"三农"工作的总抓手。

2020年，党的十九届五中全会提出全面推进乡村振兴，加快农业农村现代化。2020年年底，习近平总书记在中央农村工作会议上强调，脱贫攻坚取得胜利后，要全面推进乡村振兴，这是"三农"工作重心的历史性转移。2021年，中央一号文件提出全面推进乡村振兴，提出把乡村建设摆在社会主义现代化建设的重要位置，全面推进乡村产业、人才、文化、生态、组织振兴。

习近平总书记在党的二十大报告中提出"全面推进乡村振兴"，强调"加快建设农业强国""建设宜居宜业和美乡村"等，为新时代新征程全面推进乡村振兴、加快农业农村现代化指明前进方向。

2.什么是乡村建设？

乡村建设是实施乡村振兴战略的重要任务，也是国家现代化建设的重要内容。乡村建设既涉及农村人居环境、农村公共基础设施，也涉及农村基本公共服务、农村精神文明建设，点多面广，是一项系统工程。

建设什么样的乡村、怎样建设乡村，是现代化过程中中华民族面对的一个历史性课题。新中国成立前，梁漱溟、晏阳初等有识之士在局地开展了乡村建设试验。

在社会主义革命和建设时期，中国共产党领导农民大兴农田水利，大办农村教育和合作医疗。

改革开放以来，党在农村实行联产承包责任制，拉开了改革开放的大幕，农户获得自主经营权，农村创办各类乡镇企业，农民纷纷进城务工；新世纪以来，党统筹城乡发展，改善农村基础设施，发展农村社会事业，建设社会主义新农村，农村面貌发生翻天覆地的变化。

党的十八大以来，党高度重视乡村建设，实施乡村振兴战略，坚持农业农村优先发展，加快建设美丽宜居乡村，持续改善农村生产生活条件，乡村建设成绩显著。当前，乡村建设持续推进，农村面貌和人居环境持续改善：国家进一步加大农村基础设施投资力度，重点推进水电路讯等方便群众生产生活的基础设施建设，农村基础设施条件明显改善，农民生产生活更加便捷；大力推进农村环境整治，乡村环境从干净整洁向美丽宜居转变，农村面貌和人居环境持续向好；农村基本公共服务不断完善，病有所医和老有所养基本实现，农民民生保障更加有力。

3.怎么理解乡村建设行动?

2020年10月,党的十九届五中全会通过的《中共中央关于制定国民经济和社会发展第十四个五年规划和二〇三五年远景目标的建议》提出,实施乡村建设行动,把乡村建设摆在社会主义现代化建设的重要位置。党的二十大进一步提出"建设宜居宜业和美乡村",并对此进行了全面部署,提出了明确要求。这体现了党对乡村建设规律的深刻把握,充分反映了亿万农民对建设美丽家园、过上美好生活的愿景和期盼。

为扎实推进乡村建设行动,进一步提升乡村宜居宜业水平,2022年,中共中央办公厅、国务院办公厅印发了《乡村建设行动实施方案》,并发出通知,要求各地区各部门结合实际认真贯彻落实。该方案进一步明确了乡村建设建什么、怎么建、建成什么样,对扎实稳妥推进乡村建设行动,持续提升乡村宜居宜业水平具有重要指导意义。

2023年1月,国家乡村振兴局、中共中央组织部、国家发展和改革委员会、民政部、自然资源部、住房和城乡建设部、农业农村部印发《农民参与乡村建设指南(试行)》,为组织农民参与乡村建设提供了政策依据和行动指引。

2023年中央一号文件《中共中央、国务院关于做好2023年全面推进乡村振兴重点工作的意见》,提出"扎实推进宜居宜业和美乡村建设",从加强村庄规划建设、扎实推进农村人居环境整治提升、持续加强乡村基础设施建设、提升基本公共服务能力四个方面提出了工作要求。正如习近平总书记强调的那样，城乡差距大最直观的是基础设施和公共服务差距大。推进农村现代化，重点难点是农村基础设施和公共服务的现代化。目前，农村基本生活设施还不健全，教育、医疗卫生、养老等服务质量还不高，一些村庄有新房没新村、有新村没新貌。"十四五"时期，要大力实施乡村建设行动，统筹县域城镇和村庄规划建设，继续把公共基础设施建设的重点放在农村，在推进城乡基本公共服务均等化上持续发力，接续推进农村人居环境整治提升行动，努力实现城乡居民生活基本设施大体相当，让农民在乡村也能享受到和城市差不多的基础设施和公共服务。

4.什么是宜居宜业和美乡村？与乡村建设行动有什么关系？

党的二十大报告明确提出全面推进乡村振兴，强调"统筹乡村基础设施和公共服务布局，建设宜居宜业和美乡村"，为新时代新征程全面推进乡村振兴、加快农业农村现代化指明了前进方向。

建设宜居宜业和美乡村，其目标任务是全方位、多层次的，涉及农村生产生活生态各个方面，涵盖物质文明和精神文明各个领域，既包括"物"的现代化和"人"的现代化，也包括乡村治理体系和治理能力的现代化，内涵十分丰富，总体上要把握好以下要求：农村要逐步基本具备现代生活条件，农村要创造更多农民就地就近就业机会，农村要保持积极向上的文明风尚和安定祥和的社会环境，城市和乡村要各美其美、协调发展。建设宜居宜业和美乡村意义重大、任务艰巨。

扎实稳妥实施乡村建设行动，是建设宜居宜业和美乡村的重点任务之一。要以满足农民群众美好生活需要为引领，重点加强普惠性、基础性、兜底性民生建设。

5.为什么要制定《农民参与乡村建设指南（试行）》？

《农民参与乡村建设指南（试行）》（简称《指南》）第一条指出："为深入贯彻党的二十大精神，全面落实中共中央、国务院关于扎实稳妥推进乡村建设的决策部署，充分调动广大农民群众参与乡村建设的积极性、主动性、创造性，完善农民参与机制，激发农民参与意愿，强化农民参与保障，广泛依靠农民、教育引导农民、组织带动农民共建共治共享美好家园，根据《乡村建设行动实施方案》，制定本指南。"

以习近平同志为核心的党中央高度重视乡村建设。习近平总书记深刻指出，要牢记亿万农民对革命、建设、改革作出的巨大贡献，把乡村建设好；要发挥农民主体作用，真正把好事办好、把实事办实。党的二十大报告专门就发展全过程人民民主、保障人民当家作主作出部署。《乡村建设行动实施方案》也提出，要完善农民参与乡村建设的程序和方法。

近年来，各地积极健全制度机制，引导农民参与村庄规划和建设，积累了很多好的经验和做法。但也应该看到，农民参与乡村建设的机制还不够完善、程序还不够规范、保障还不够健全，一些地方乡村建设工作中出现了"好事没办好"和"干部干、农民看"等问题，很重要的一个原因就是没有尊重农民意愿、没能发挥农民的主体作用。《指南》就是在深入学习领会党的二十大精神和中共中央、国务院决策部署，全面总结各地经验做法基础上制定的，为组织农民参与乡村建设提供了政策依据和行动指引。

6.动员农民参与乡村建设的总体思路是什么?

　　《指南》第二条指出，组织农民参与乡村建设，坚持以习近平新时代中国特色社会主义思想为指导，践行以人民为中心的发展思想，落实乡村建设为农民而建的要求，坚持党建引领、村民自治，尊重意愿、维护利益，程序规范、公开公正，强化保障、注重实效，全过程、全环节推动农民参与，使农民内生动力得到充分激发、民主权利得到充分体现、主体作用得到充分发挥，引导广大农民用辛勤劳动建设宜居宜业和美乡村，逐步使农村基本具备现代生活条件。

7. 《农民参与乡村建设指南（试行）》适用范围是什么？由谁指导实施？

《指南》适用于各地在实施乡村建设行动时，组织农民参与村庄规划编制、乡村基础设施和公共服务设施建设与管护等工作。简单来说，就是适用于村庄规划、设施建设和管护三个阶段。乡村建设一般是规划先行，要先规划、后建设，科学规划、依规建设，要坚持建管并重、长效运行。

由国家乡村振兴局会同中共中央组织部、国家发展和改革委员会、民政部、自然资源部、住房和城乡建设部、农业农村部推动完善农民参与乡村建设的程序和方法，指导组织实施。各部门结合职能做好相关工作。

第二章

农民参与

8.怎么动员农民参与乡村建设？

动员农民参与乡村建设，要依托完善的制度和机制，充分发挥农村各类基层组织的作用。具体来说，就是健全党组织领导下的村民自治机制，坚持和完善"四议两公开"制度，充分发挥村民委员会、村务监督委员会、集体经济组织和共青团、妇女组织等作用，依托村民会议、村民代表会议、村民议事会、村民理事会、村民监事会等，开展宣传发动，增强农民参与感、责任感、归属感。

我国农村地域辽阔，各地情况千差万别、社会风俗习惯不同，动员农民参与乡村建设，必须从实际出发，实事求是、求真务实、尊重规律，紧密结合实际谋划和推进，坚定维护农民物质利益和民主权利，以优良作风开展乡村建设行动。

9. 组织动员农民参与乡村建设，关键是完善哪三大机制？

组织动员农民参与乡村建设，关键是完善三大机制。这三大机制分别是：基层党组织引领带动机制，村民委员会、村务监督委员会、村集体经济组织推动落实机制，村民议事会、村民理事会、村民监事会等协商推进机制。这三大机制的详细内容，在《中华人民共和国村民委员会组织法》等法律法规中都有体现，要结合实施乡村建设行动，抓好落实，引导农民在思想和行动上积极支持村庄建设，促进形成农民愿参与、会参与、能参与的生动局面。

10. 如何完善基层党组织引领带动机制？

增强农村基层党组织政治功能和组织功能，完善农村基层党组织引领带动机制，运用网格化管理、党员联户、党员示范带动等联系群众工作机制，组织群众、宣传群众、凝聚群众、服务群众，推动乡镇干部常态化下沉网格、村干部包网入户，促进形成农民群众愿参与、会参与、能参与乡村建设的生动局面。

涉及村庄规划、建设、管护等乡村建设重要事项，应由村党组织提议，经村"两委"会议商议、党员大会审议、村民会议或村民代表会议决议，并及时公开决议和实施结果。

11.如何完善村民委员会、村务监督委员会、村集体经济组织推动落实机制？

　　完善村党组织领导下的村民委员会、村务监督委员会、村集体经济组织推动落实机制，增强农民群众自我管理、自我服务、自我教育、自我监督的实效。对乡村建设重要事项，由村民委员会组织农民充分讨论、参与决策、投身建设和管护，村务监督委员会组织农民监督资金使用、项目建设、政策落实，农村集体经济组织可结合实际组织成员承担建设、管护任务。

12. 如何完善村民议事会、村民理事会、村民监事会等协商推进机制？

完善村民议事会、村民理事会、村民监事会等协商推进机制，落实民事民议、民事民办、民事民管要求，充分保障农民的知情权、参与权、监督权。

村民议事会、村民理事会、村民监事会等协商民主议事模式是基层民主实践的有益补充和创新模式，分别行使决策权、管理权和监督权等，各地在实践中又各有不同。

13. 怎么引导农民在思想和行动上支持村庄建设？

　　引导农民在思想上和行动上支持村庄建设，就要以村"两委"为主体，发挥驻村第一书记和工作队作用，围绕村庄规划、建设和管护，压实党员、网格员等责任，开展宣传发动，让农民充分了解村庄建设政策和发展定位，了解参与路径和方式。

　　要坚持乡村建设为农民而建，充分发挥农民主体作用，农民该干的事、能干的事就交给农民去干，把好事办好、实事办实，让农民群众在全面推进乡村振兴中有更多获得感、幸福感、安全感。

14.怎么组织乡村建设交流学习？

　　组织乡村建设交流学习应坚持"请进来"和"走出去"相结合。

　　一方面，加大"请进来"力度，引导规划师、设计师、建筑师等专业技术人才，深入基层、下沉到村，提供规划、设计、建设、管理全链条咨询服务，帮助村"两委"班子谋思路、出措施，辅导农民转变观念，提升参与建设本领。

　　另一方面，采取"走出去"方式，组织村"两委"干部、村民代表参观考察乡村建设样板村，学习其发动组织农民、推进乡村建设的经验，加强村庄之间的学习交流。

15. 动员农民参与乡村建设，村规民约怎么发挥作用？

村规民约是村民委员会组织村民进行民主自治的章程，是广大农民群众民主意愿的条文规范体现，具有群众性、合法性、针对性、通俗性和规范性等特点，是村民进行自我管理的一个重要方法。

《指南》第十条指出，动员农民参与乡村建设，要发挥村规民约的规范约束作用，将农民参与乡村建设纳入村规民约，鼓励农民通过投工投劳、捐款捐物、志愿服务等多种方式参与乡村建设。

16.哪些项目建设会得到优先支持？

　　主要分村庄实施基础项目建设和农户实施入户项目建设两个方面。村庄方面，优先支持村"两委"动员能力强、群众参与程度高、投工投劳意愿足、利益冲突化解好的村庄实施基础项目建设。农户方面，优先支持参与意愿高、主动投工投劳的农户实施入户项目建设。

第三章

村庄规划

17.引导农民参与村庄规划的总体思路是什么？

《指南》第十二条指出，乡村建设要坚持规划先行、科学规划、依规建设，将党的领导、政府组织领导、农民发挥主体作用、专业人员技术指导作用有机结合，充分尊重农民意愿，围绕"建设什么样的村庄、怎样建设村庄"，引导农民献计献策、共商共议，积极参与村庄规划。

18.由谁进行村庄规划政策宣讲？

　　作为一个政策的宣讲者，如果连自己对要宣讲的政策都不甚了了，"以其昏昏，使人昭昭"，这样的宣讲非但不能起到任何作用，恐怕还会带来负效应。《指南》第十三条指出，村庄规划政策由乡镇党委、政府组织村"两委"和规划编制人员进行宣讲。这些宣讲者后期要全程参与规划的编制，宣讲时应做到对政策了然于胸，能把政策讲清楚、讲入农民群众的心里。

19.村庄规划政策宣讲者应重点讲清哪些内容？

首先，村庄规划代表着村庄下一阶段的实施方向，规划的是一个美好的未来，重要性不言而喻。宣讲时，应讲清楚规划的重要性，重点讲清村庄规划的法定地位，让村民知晓规划是村庄建设的主要依据。

其次，要明确一点：村庄规划政策宣讲的目的，是让农民充分重视规划，自觉遵守规划。宣讲的对象是农民，不仅包括常住村民，还包括在外村民。

最后，农民参与是规划编制的重要前提，没有农民参与的村庄规划一定是悬浮的。宣讲时，应广泛地发动农民群众参与规划编制的积极性。因此，要重点讲清村庄规划的编制程序。

同时，要向村民明确提出，村民会议或者村代表会议讨论通过是规划审批的必要条件，审定批准的规划必须严格执行，提升农民参与的责任感。

20.由谁进行村庄规划编制?

　　村庄规划的编制不是一个人说了算,而是由乡镇政府依托村党组织和村民委员会开展。一定要突出的一个重点:要保证农民群众的参与。那些具有规划知识、了解农村实际、熟悉乡村文化的村民或在外同乡,都应该吸纳到规划的编制工作中。

　　当然,在实际工作中,并不是强调每个村庄都要有村庄规划编制,而是应视具体情况而定,要做到灵活变通。同时,有些项目实施的主体也不一定是以村为单位。如浙江省自2003年全面推进"千村示范、万村整治"工程,造就万千美丽乡村,后把点状美丽乡村串珠成链,打造成为连片风景带,进一步深化美丽乡村建设。

21.对村庄规划编制专业人员有什么要求？

村庄规划编制工作本身存在业务综合性强、编制过程细碎、信息较多的特点，非专业的规划设计人员很难掌控。但是，这并不是意味着，拥有一支专业的村庄规划设计团队，就能作出一份优秀的村庄规划。

每个村庄都有其独特的资源和条件，一村一面，没有一个固定的规划模板可以套用。编制人员应开展一定时间的驻村调研，充分听取农民意见，通过会议讨论、入户调研、问卷调查等方式，了解村民真实想法和诉求。村民才是村庄规划实施最直接的利益相关者，如果忽视村民的参与，缺乏沟通，规划难以得到村民的认可，不利于后续规划实施。

22. 如何引导农民参与村庄规划编制？

让农民真正参与进来，需要切实可行的方式方法，可以通过会议协商、入户协商等方式，让农民群众提意见、讲需求、言困难。同时，需要对讨论内容加以引导，应引导农民共议村庄建设定位、建设目标、建设任务、建设举措。若存在争议，应组织农民深入讨论，逐步达成共识。围绕农村群众反映的突出问题，可以做好理顺情绪、释疑解惑、凝聚共识的工作。

23.村庄规划编制完成后，需要公示吗？

需要。村庄规划草案完成后，就应在村内公示。审议程序应该严格按照"四议两公开"制度履行。"四议两公开"即"4+2"工作法，是基层治理的重要手段，农村所有村级重大事项都必须在村党组织领导下，按照"四议""两公开"的程序决策实施。"四议"是指村党组织会提议、村"两委"会商议、党员大会审议、村民代表会议或村民会议决议，"两公开"是指决议公开、实施结果公开。

24.村庄规划编制完成后，如何公开？

村庄规划公示、审议完成后，则由乡镇政府报请县（市、区）政府批准。

公开时，也要注意方式方法，一定要让农民看得懂、记得住、好监督。规划公开不仅要"上墙"，也要"上网"，要使用多元化的方式，让常住村民和在外村民都能及时知晓。而且，公开时限上要做到长期公开。

规划成果不能晦涩难懂，阅读和理解规划成果的对象是农民，专业性的表达，农民难以理解，应将其转化为简明易懂的规划图表和管制规则，使老百姓一看就懂。

第四章

村庄建设

25.带动农民参与项目建设的总体思路是什么？

《指南》第十八条指出，要坚持先建机制、后建工程，采取以工代赈、先建后补、以奖代补等方式，引导村民投工投劳、就地取材开展建设，吸纳更多农民就地就近就业。

以工代赈是指政府投资建设基础设施工程，受赈济者参加工程建设获得劳务报酬，以此取代直接赈济的一项扶持政策。具体措施参考《国家以工代赈管理办法》。

先建后补是指经批准立项的农业综合开发项目，由项目实施单位自行筹集建设所需全部资金并组织实施，验收合格后，财政部门将财政补助资金一次性报账支付给项目实施单位。具体措施参考国农办〔2016〕51号《关于农业综合开发项目实行"先建后补"的意见》。

村级公益事业建设一事一议财政奖补政策是中共中央、国务院确定的重大惠民政策，在改善农民生产生活条件、推进乡村建设、促进农村社会治理创新和基层民主政治建设等方面具有重要意义。具体措施参考《村级公益事业建设一事一议财政奖补资金管理办法》。

　　关于以奖代补，各地针对不同项目有不同的专项资金管理办法，该补偿方式奖惩色彩明显，能够调动群众积极性。

26.村庄建设的内容包括哪些？

　　村庄建设包括农村基础设施和公共服务设施建设，例如道路、桥梁、饮水、供电、通信等保障农民日常生活的基础设施建设，农田水利设施、防洪、防风等农业生产设施建设，以及卫生医疗、文化、教育、体育等公共服务设施。

　　村庄建设是乡村建设的重要内容，是村庄公共服务"硬件"的提升，对于整体提升乡村建设水平、建设美丽宜居乡村，提高农民居住品质、改善农民生产生活条件，不断增强农民群众获得感、幸福感、安全感具有重要意义。

27. 在村庄建设项目申请上，应该优先申请哪些项目？

对于村庄建设，不能急于求成，应保持足够的耐心，从历史角度看问题、看发展，久久为功，从容建设。村"两委"可通过建立乡村建设项目库，梳理项目优先顺序等措施，来细细描绘这一张在未来一段时间里指导村庄建设的"表"。

如何判定村庄建设项目的优先顺序？谁来判定？虽然是由村"两委"来申请项目，但是农民群众的声音才是做决定的首要标准。农民急、难、愁、盼的切身利益问题，才是焦点。村"两委"应组织农民议定村庄建设项目优先顺序。群众需求强烈、短板突出、兼顾农业生产和农民生活条件改善的项目，应优先申请纳入乡村建设项目库。

28.由谁进行村庄建设项目方案设计？

凡事预则立，不预则废。村庄建设必须坚持规划先行，发挥规划的指导作用，设计出来的项目应符合村庄规划，同时依法办理规划许可。

在设计项目时，应该注重经济实用，杜绝形象工程。在设计人员上，应尽量吸纳村民代表、返乡创业人员、新乡贤、乡村建设工匠等参与项目策划、方案设计。尤其要吸纳思想观念新、办法点子多、实践经验多、眼界视野广的人士，他们是推动村庄建设的重要力量。

29. 户属设施项目包括哪些？如何开展建设？

入户道路、入院管道、户厕改造、庭院绿化、农房修缮等权属边界清晰的，都属于户属设施项目，用通俗的话来说，就是农民自己家的"一亩三分地"。

这些项目在实施时，由农民自主开展建设。不过，这也并不是说，行业主管部门就可以什么也不管、什么也不干，行业主管部门应该为开展自主建设的农民提供规划引导、技术指导和政策支持。

30.村级小型公益设施项目包括哪些？如何开展建设？

村级小型公益设施项目是指技术要求简单的村级项目，例如村内道路、公共照明、农田水利、村容村貌改造、文化体育等。

以前，村提留、乡统筹和农村劳动积累工、义务工是村级公益事业建设的主要资金、劳务来源。农村税费改革后，传统的资金、劳务来源逐渐被取消，规定村级公益事业建设所需资金、劳务，实行村民一事一议。近几年一些地方的试点工作证明，开展一事一议财政奖补是激活村级小型公益设施项目建设的重要举措，有利于调动农民参与公益事业建设的主动性。

　　村级小型公益设施项目与农民生产生活直接相关，受益面广，具有较强的公益性，政府、村集体经济组织和农民都有建设的责任。建设时，可由村民委员会、农村集体经济组织承接，组织有能力、有意愿的农民开展建设。

31.专业设施项目包括哪些？如何开展建设？

等级公路、规模性供水、仓储保鲜、清洁能源、通信网络、污水垃圾处理等技术要求较高的专业设施项目，应由符合资质的主体承接，优先聘用本地农民或通过村民委员会、农村集体经济组织来组织农民参与建设。

32.村庄建设项目验收的要求包括哪些?

在项目建设过程中,由村务监督委员会全程监督工程项目进度和施工质量。村务监督委员会依法设立,由村民选举产生的代表组成,对村级事务的规范运行和农村干部的权力行使进行有效监督。

当项目阶段验收和竣工验收时,入户或联户项目必须由农户签字同意,村庄公共设施项目必须由村"两委"、村务监督委员会负责人签字同意。

33.村民委员会如何执行村庄建设项目监督？

村务公开和财务公开是村民民主监督的重要组成部分。村务公开要求村民委员会对涉及村民权益的重大事项按照法定程序、时间、形式进行如实公布。财务公开要求村民委员会对本村的收支项目按期进行公布，接受村民的监督，使农村财务"在阳光下运行"。

对于村庄建设项目，村民委员会应如实向全体成员公开收支情况，同时，公开内容要以便于群众理解和接受的形式，接受村民代表大会、村务公开监督小组和财务公开监督小组等成员的监督。

第五章

村庄管护

34.实行农村公共基础设施和公共服务设施管护的总体思路是什么?

　　《指南》第二十四条指出，要坚持设施建设、管理和保护并重，建立健全有利于长期发挥效益的机制；坚持地方政府主导、行业主管部门监管、运营企业管护，强化责任落实；同时，要发挥村民委员会作用，支持农民参与农村公共基础设施和公共服务设施管护。

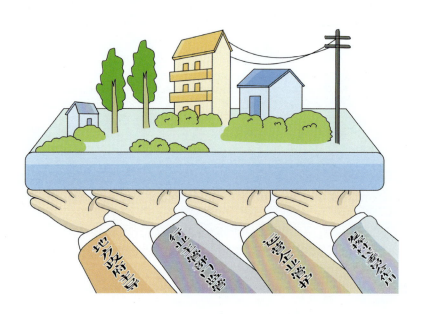

35.不同管护主体需要分别承担哪些管护责任?

《指南》第二十五条明确了如何确定农村公共基础设施和公共服务设施管护责任和主体,即按产权归属落实设施管护责任,合理确定管护主体,保障管护经费。同时还明确了不同类型的管护主体具体需要承担的管护责任。

村民委员会负责所属公共基础设施管理和保护，可采用多种形式，如委托村民、农民合作社或者社会力量代管。农户对户属设施承担管护责任，村民委员会组织村民或者社会力量提供社会化服务，通过企业、合作社、服务专业户等各种类型的服务主体提供相应的支持和服务，把一家一户干不了、干不好的环节集中起来，提高效益，实现各尽其能。

供水、电力、燃气、通信、邮政等设施运营企业对所属公共基础设施承担管护责任，学校（幼儿园）、医院（卫生院）、养老院等农村公共服务供给单位承担所属设施管护责任。这些设施运营企业和农村公共服务供给单位优先聘用当地农民开展管护，同时要自觉接受村党组织、村民委员会和村民监督，用监督督促管护责任落实、用监督检查执行效果。

36.如何引导农民积极参与管护?

农民既是农村公共基础设施和公共服务设施的建设者，也是受益者，应该引导农民积极参与设施管护。

可采用党员责任区的方式。划定责任区，以一个或几个党员为主体，带动一定数量的农民，切实承担起管护责任。

可实行街巷长制。街巷长是设施管护的责任人，应定时检查和监督，发现问题及时解决，通过常态化、精细化管理保持设施的良好状态，要充分发动广大干部群众担任具体负责人。

也可通过文明户评选、"信用+"、积分制、有偿使用等方式激发农民的积极性。

37. 如何通过推行"门前三包"的方式发动农民参与设施管护?

推行"门前三包",一是由村"两委"组织制定"门前三包"环境标准;二是与农户签订责任书,悬挂责任牌,明确房前屋后环境卫生、绿化美化、公共设施、公共秩序的管护主体、责任区域、包干内容、管理责任;三是定期组织考评,对评选出来的优秀农户进行公示,并要求不履行"门前三包"职责的农户进行整改。通过"门前三包",发动农民维护户属设施,从而有利于维护人居环境整治成果。

38.如何通过组织受益者认领的方式发动农民参与设施管护？

　　农民是村内小型公园、图书室、活动室等设施的受益者，鼓励受益农民自愿组建管护团队，明确管护义务与责任，采取多种形式加强设施管护。对于入街入户的建设项目，由受益农户共同管护。通过组织受益者认领的方式，能充分发挥农民参与管护的积极性和主动性。

39.如何通过组建使用者协会的方式发动农民参与设施管护？

《指南》第二十六条明确了组建使用者协会这一方式的组织方、管护主体和管护责任。由村民委员会或者村民小组负责组织，农户作为管护主体，要负责设施的日常管理和维修养护。

40.如何通过设立公益性管护岗位的方式发动农民参与设施管护?

《指南》第二十六条指出了设立公益性管护岗位这一方式的管护设施类别、聘请管护人员的优先考虑条件以及管护责任。管护设施主要包括村庄公共基础设施、人居环境设施等,在这些领域设置公益性岗位,聘请管护人员时会优先考虑低收入农户,管护人员主要负责日常巡查、小修、保洁等管护工作。

41.怎样合理确定管护收费标准？

合理确定管护收费标准，一是健全农村准经营性、经营性基础设施收费机制，二是充分考虑成本变化、农户承受能力、政府财政支持能力。引导农民自觉缴纳有偿服务费用，建立财政补贴与农户缴费合理分摊机制。

42.管护公示具体包括什么内容？

村"两委"需要针对管护工作在村务公开栏内设立公示专栏，接受农民监督。公示内容包括村庄公共基础设施管护主体、管护责任、管护方式、管护费用及经费来源。公示内容要深入、健全，公开要及时，公开程序要规范，只有这样，才能拉近和农民的距离，促进村里管护工作展开。

第六章

乡村治理

43.什么是乡村治理？

乡村治理事关党在农村的执政根基和农村社会稳定安宁。

自古以来，乡村治理都是国家治理的重要内容之一，并在千百年的历史进程中不断演化。传统的乡村治理多指以宗族、血缘关系为纽带，与中国古代传统道德观、法制观相协调，官府与乡绅、宗族共同实现对乡村秩序的维持。

中国共产党成立以后，无论是在革命、建设还是改革时期，都始终重视维护农民的根本利益，注重发挥农民在乡村治理中的主体地位。新民主主义革命时期，农村经济凋敝，传统乡村治理难以为继，党在根据地深入开展土地革命、党的建设和武装斗争实践，通过特殊的方式开创了根据地的乡村治理。

新中国成立后，党全面建立基层政权，建立起了集经济组织与行政组织合一的人民公社制度，突出特征是"政社合一"。改革开放后，全国乡村治理开始"撤社建乡"，重新确立了乡镇政权作为最基层政权的地位，建立起了农村基层社会的村民自治制度，实现了从治理理念到治理体制的根本变化。

党的十八大以来，我国乡村社会发生了巨大的变化，乡村治理以加强和创新农村社会管理，保障和改善农村民生为优先方向，树立系统治理、依法治理、综合治理、源头治理的理念，推进乡村治理体系和治理能力现代化，确保广大农民安居乐业、农村社会安定有序。

2013年以来，每年的中央一号文件都对乡村治理提出明确要求，形成了系统化的乡村治理政策体系。党的十九大明确提出，加强农村基层基础工作，健全自治、法治、德治相结合的乡村治理体系。乡村治理的重点是加强基层党组织建设，深化村民自治实践，推进法治乡村和文明乡风建设，提升基层管理和服务能力，目标是建设充满活力、和谐有序的乡村社会。

2019年6月，中共中央办公厅、国务院办公厅出台《关于加强和改进乡村治理的指导意见》，对当前和今后一个时期乡村治理工作作出全面部署。总体目标是，到2035年，我国乡村公共服务、公共管理、公共安全保障水平显著提高，党组织领导的自治、法治、德治相结合的乡村治理体系更加完善，乡村社会治理有效、充满活力、和谐有序，乡村治理体系和治理能力基本实现现代化。

44.什么是自治、法治与德治？

自治、法治、德治是维持乡村治理格局良性运转的不同治理方式。自治属于村庄的范畴，法治属于国家的范畴，德治属于社会的范畴。自治是基础，法治是保障，德治是补充，这三种方式互为补充、互相衔接、缺一不可。

2019年6月，中共中央办公厅、国务院办公厅印发的《关于加强和改进乡村治理的指导意见》，核心就是强调自治、法治、德治有机结合，主线为健全自治、法治、德治相结合的乡村治理体系。2020年12月28日，习近平总书记在中央农村工作会议上再次强调："要加强和改进乡村治理，加快构建党组织领导的乡村治理体系，深入推进平安乡村建设，创新乡村治理方式，提高乡村善治水平。"

以自治增活力。村民自治是我国农村基层民主的一种基本形态，是党领导亿万农民建设社会主义民主政治的一个伟大实践。从1980年广西宜山县三岔公社合寨大队果作屯诞生我国第一个村民委员会到现在，村民自治在我国已经走过了40多年的实践历程。以自治增活力，需要从健全完善村民自治的有效实现形式入手，进一步健全农村基层民主选举、民主决策、民主管理、民主监督的机制。

以法治强保障。乡村有效治理，法治是前提，法治是基础，法治是保障。要全面依法治国，必须把政府各项涉农工作纳入法治化轨道，加强农村法治宣传教育，完善农村法律服务，引导干部群众遵法、学法、守法、用法，依法表达诉求、解决纠纷、维护权益，建设法治乡村。

以德治扬正气。乡村治理要达到春风化雨的效果，就要深入挖掘熟人社会中的道德力量，德、法、礼并用，通过制定村规民约、村民道德公约等自律规范，弘扬中华优秀传统文化，教育引导农民爱党爱国、向上向善、孝老爱亲、重义守信、勤俭持家，增强乡村发展的软实力。

将自治、法治、德治"三治"融合，充分激发广大村民的自治积极性，实现乡村治理法治化，提升群众思想道德水平，走中国特色社会主义乡村善治之路，实现乡村社会治理有效、充满活力、和谐有序。

45.在乡村治理中，农村基层党组织如何发挥作用？

要发挥农村基层党组织在乡村治理中的领导作用。坚定不移地加强农村基层党组织建设，全面提升农村基层党组织的组织力、凝聚力、战斗力。旗帜鲜明地坚持和加强基层党组织对各类乡村组织的领导，健全党组织领导的乡村治理体系，派强用好驻村第一书记和工作队，把群众紧密团结在党的周围。

46.如何健全县乡村三级治理体系功能？如何创新乡村治理方式？

健全县乡村三级治理体系功能，牢固树立大抓基层的工作导向，推动治理重心下移、资源下沉。发挥县级在乡村治理中的领导指挥和统筹协调作用，强化县级党委抓乡促村职责。整合乡镇审批、服务、执法等各方面力量，提高为农服务能力。更好发挥村级组织基础作用，增强村级组织联系群众、服务群众能力。

提升乡村治理效能，就要不断创新乡村治理方式。综合运用传统治理资源和现代治理手段，推广应用积分制、清单制、数字化等治理方式，推行乡村网格化管理、数字化赋能、精细化服务。在地方实践中，要坚持实事求是的原则，具体问题具体分析，根据地方实情和实际需要来完善创新。

第七章

组织保障

47. 农民参与乡村建设，怎样实现组织保障？

　　农民参与乡村建设，需要强化政策保障和要素支撑。《指南》第二十九条提出了组织保障措施。各地应将组织农民参与乡村建设作为实施乡村建设行动的重要举措，加强组织领导和统筹协调，发挥县级党委"一线指挥部"作用、乡镇党委"龙头"作用和农村基层党组织"战斗堡垒"作用，用好驻村第一书记和工作队，提高组织动员农民能力，保障农民参与权益。

48.如何组织编制农民参与乡村建设权责清单？

在乡村建设中运用权责清单，能切实保障农民群众的决策权、参与权和监督权。要以县为单位组织编制农民参与乡村建设权责清单，明确农民参与乡村建设的权利和责任，包括村庄规划编制实施、基础设施建设管护、人居环境整治提升方面的权利和责任。

49. 如何组织农民持续开展村庄清洁行动？

实施村庄清洁行动是推动农村人居环境整治的一项基础性工程。村庄清洁行动重点在于抓好"三清一改"，即清垃圾、清塘沟、清畜禽粪污，改变影响农村人居环境的不良习惯。

持续开展村庄清洁行动，县乡主要负责同志为"一线总指挥"，村党组织书记是第一责任人，广泛发动农民群众清洁村庄公共环境和庭院环境，鼓励农民群众自觉参与，培养形成维护村庄环境卫生的主人翁意识。

50.如何在乡村建设中组织农民深入开展美好环境与幸福生活共同缔造活动?

　　在乡村建设中深入开展美好环境与幸福生活共同缔造活动，要组织农民群众决策共谋、发展共建、建设共管、效果共评、成果共享，进而激发农民群众的积极性、主动性、创造性，改善人居环境，共同建设美好家园。

51. 农民参与乡村建设，怎样实现人才保障？

　　《指南》第三十条提出了农民参与乡村建设的人才保障措施。为促进提高农民参与质量、提升乡村建设水平，需深入实施设计下乡、"百校联百县兴千村"和"万企兴万村"等行动，广泛动员社会力量参与乡村建设，建立乡村建设辅导制度。具体如何展开呢？下乡进村的专业人员要了解乡村、热爱乡村，致力于服务乡村的规划、建筑、景观、文化艺术、乡村治理等领域；组织专业人员下乡进村方式多样，包括选派、招聘、购买服务等方式；专业人员下乡进村开展陪伴式规划、设计和建设，指导村庄规划编制、矛盾化解和项目实施。

　　除了吸引高素质人才下乡，《指南》第三十条还明确了进行基层干部和农民关于参与乡村建设培训的具体方法。一方面要加强农民参与乡村建设理念教育和技能培训，培养一批乡村建设工匠、土专家等本土人才；另一方面要结合基层干部培训，提高乡镇干部、村党组织书记等组织农民参与乡村建设的能力。

52.农民参与乡村建设，怎样实现投入保障？

《指南》第三十一条提出了农民参与乡村建设的投入保障措施。

第一，创新乡村建设政府投入机制，通过先建后补等方式，引导农民群众由"要我参与"向"我要参与"转变，由"要我建"向"我要建"转变。先建后补是指由项目实施主体自行筹集建设所需全部资金并组织实施，验收合格后，有关部门将补助资金一次性支付给项目实施主体。实施先建后补能创新资金投入方式，优化资金和项目管理程序，提高财政资金使用和项目建设成效。

第二，对采取以工代赈方式实施的农业农村基础设施项目，按照招投标法和村庄建设项目施行简易审批的有关要求，可以不进行招标。以工代赈是指政府投资建设基础设施工程，受赈济者参加工程建设获得劳务报酬，以此取代直接赈济的一项扶持政策。

第三，对农民投资投劳项目，采取直接补助、以奖代补等方式推进建设。

53. 农民参与乡村建设，怎样实现监督保障？

《指南》第三十二条提出了农民参与乡村建设的监督保障措施。

定期调查评估农民参与乡村建设情况，重点关注知晓率、参与率、满意度，即项目实施前农民对乡村建设政策和参与方式的知晓率，项目实施中农民以投工投劳、捐款捐物、志愿服务等形式参加建设的参与率，项目实施后农民对项目质量和建设效果的满意度。将这三个方面分别作为项目批准立项、奖补资金拨付、竣工验收的重要指标，原则上知晓率、参与率、满意度应分别达到80%以上。

健全投诉举报机制，畅通投诉渠道，公开举报方式，让农民群众知道监督、参与监督；此外，及时受理和处置有关农民参与乡村建设的投诉、建议，避免问题积累，不断提升服务质量。

54.农民参与乡村建设，怎样结合评选工作实现宣传保障？

宣传引导是关键，提升农民参与乡村建设的宣传效能，可以传达信息，普及政策，也可以凝聚起农民群众以及其他的社会力量，共同参与到乡村建设中来。《指南》第三十三条和三十四条提出了农民参与乡村建设的宣传保障措施。其中，第三十三条指出了如何结合评选工作实现农民参与乡村建设的宣传保障。

将农民参与乡村建设作为全国文明村镇、国家乡村振兴示范县及省级部门按规定开展的乡村振兴示范乡镇、示范村创建的重要内容，纳入美丽宜居村庄示范创建和美丽庭院评选指标。支持县（市、区）选树一批农民参与乡村建设先进村、模范户。借助模范的引领作用，有利于地方和个人进行差距比对和经验借鉴，有针对性地提升和改进，促进农村全面进步、农民全面发展。

55.农民参与乡村建设，怎样结合多样化活动实现宣传保障？

　　《指南》第三十四条提出了怎样结合多样化活动实现宣传保障。一是深入总结农民参与乡村建设经验，推广可复制、可借鉴的典型案例，重视发挥乡村"邻里效应"，以身边人、身边事影响带动农民参与乡村建设。二是广泛开展"我的家乡我建设"等群众性建设活动，以乡情乡愁为纽带吸引凝聚各方人士支持家乡建设。

第八章

典型案例

浙江"千万工程"及新时代美丽乡村共同富裕示范带建设经验

　　早在2003年，时任浙江省委书记的习近平同志亲自调研、亲自部署、亲自推动，启动实施"千村示范、万村整治"工程（简称"千万工程"）。"千万工程"以农村生产、生活、生态的"三生"环境改善为重点，在浙江全省范围内启动，开启了以改善农村生态环境、提高农民生活质量为核心的村庄整治建设大行动。目标是在5年内，从全省4万个村庄中选出1万个左右的行政村进行全面整治，把其中1 000个左右的中心村建成全面小康示范村。

　　20年来，浙江践行"绿水青山就是金山银山"的重要理念，一以贯之地推动实施"千万工程"，令村容村貌发生巨大变化，村庄净化、绿化、亮化、美化，造就了万千生态宜居的美丽乡村，为全国农村人居环境整治树立了标杆。2018年9月，浙江"千万工程"获联合国"地球卫士奖"。习近平总书记多次作出重要批示，要求结合实施农村人居环境整治三年行动计划和乡村振兴战略，进一步推广浙江好的经验做法，建设好生态宜居的美丽乡村。

　　2021年，浙江省作出建设未来乡村重大决策部署。这是在共同富裕、数字化改革背景下对"千万工程"的再深化。未来，乡村建设以党建为统领，以人本化、生态化、数字化为导向，集成"美丽乡村＋数字乡村＋共富乡村＋人文乡村＋善治乡村",打造引领品质生活体验、呈现未来元素、彰显江南韵味的未来乡村浙江范例。

同时,为深化美丽乡村建设,浙江省把点状美丽乡村串珠成链、建设为连片风景,打造了一批新时代美丽乡村共同富裕示范带。示范带培育可以在原美丽乡村风景线基础上进行提升,也可以全新打造,重点围绕打造最美景观带、产业兴旺带、文化传承带、城乡融合带4个方向展开培育。

海盐县"丰山溢水乡愁"示范带位于海盐中南部,覆盖通元镇、秦山街道、武原街道3个镇(街道),串联起金星村、丰义村、雪水港村、丰山村、北团村、永兴村6个村庄,全长18千米。该示范带拥有丰富的自然资源、文化资源和产业资源,6个村庄全部为省级AAA级景区村庄,其中,3个村庄入选省级未来乡村建设名单。

柳洼村：
复活柳洼风清　打造美丽乡村

一、基本情况

柳洼村位于河北省巨鹿县西郭城镇，是巨鹿县美丽乡村建设精品村、"十三五"扶贫开发工作重点村。现今的柳洼村街道宽敞整洁，房屋整齐有致，一派美丽祥和的景象。然而就在2016年以前，这里还是远近闻名的贫困村，村民人均纯收入3 400元，众多的盐碱地导致村民土地低产、经济贫困，同时，柴草垛遍布、牛羊粪满地的景象，严重影响了村容环境。

二、主要做法与亮点

2016年，借助脱贫攻坚、美丽乡村建设的契机，柳洼村以增加村民收入、改善村庄人居环境为首要目标，开展小规模渐进式推进村庄环境整治，结合河北省"五位一体"发展布局以及实施"四美五改·美丽乡村"建设行动，提出"1+12"规划设计模式。其中，"1"指的是1个村庄总体规划，"12"指的是12个村庄环境整治专项规划。

在村庄总体规划中，柳洼村定位在重点发展风清文化游与乡村休闲游，建设冀南旅游文化名村。具体做法有将闲置民居改为柳编坊、豆腐坊、磨坊等，传承和发展柳编技艺，将其融入旅游线路中；将闲置坑塘进行改造，复原历史"柳洼风清"

遗迹，在设计中将"柳文化"进行传承，打造成为村庄独有的文化特质；联合龙头公司和周边村庄发展手工制品业、休闲农业等。

在村庄环境整治专项规划中，规划立足现状，充分对现有设施进行改造和完善，做到经济实用、节能环保。按照设施配套、环境整治、特色提升思路进行建设，改善村庄人居环境，对饮水安全、污水处理、道路硬化、厕所改造、厨房改造等12个方面进行规划设计。

柳洼村规划通过传承与发展"柳洼风清"文化，带动乡村旅游发展，促进休闲农业壮大，增强村庄"造血"功能。在规划设计及实施过程中，项目组走访了邢台市南和农业嘉年华、巨鹿县大寨休闲农业观光园等，了解经营和发展情况，进一步论证该村发展休闲农业和乡村旅游的可行性。为了破解设施建设无序的问题，将规划内容菜单化，按照村民急需性，合理确定建设时序，避免重复拆建，浪费资源；按照事权确定规划编制深度，简化专业队伍施工，将需要老百姓动手的内容做到通俗易懂；按照整治项目进行分类。

东留善固村：
借名人效应打造名村品牌

一、基本情况

东留善固村是全国著名劳动模范吕玉兰的故乡，位于河北省临西县玉兰乡村振兴示范区核心地带。这里曾经是一个"滴水贵如油，风起飞流沙，种一葫芦收一瓢"的"穷沙窝"。现在，东留善固村已成为河北规模较大的玉露香梨生产基地，种植面积1 000余亩，林下种植、红色旅游和采摘观光绿色旅游发展得如火如荼，村里绿树成荫，群众安居乐业。目前，该村正在规划建设玉兰文化示范带，改造提升吕玉兰纪念馆、纪念林、玉兰故居等，整合村域文化资源，着力打造辐射邢台、邯郸周边县区，集思想文化、培训学习、新兴农业为基础的魅力小镇，为文化兴村打下基础。

二、主要做法与亮点

2011年，东留善固村有550户，2 633人，22家乡镇企业，农村经济总产值为4.2亿元，产业以特色种植、棉纺加工、建材制造、食品加工、制药、运输业为主，农民人均纯收入6 810元（最低线），实际人均收入1.1万元。村庄环境不断改善，村庄内部所有道路均已硬化，2011年已建新民居40处，多层楼房2栋，已建成吕玉兰纪念馆，工业小区雏形基本形成。这一类

"村强民富"的平原村庄如何继续发展，规划又如何落实？《临西县下堡寺镇东留善固村村庄规划》给出了参考答案。

本次规划针对该类村庄经济社会发展快，建设用地布局较为随意，基础设施建设相对滞后，人居环境需要进一步提升的基本状况。确定本次产业发展规划产业发展总体思路为"一产抓特色、二产调结构、三产育旅游"。总体布局可概括为"双心、三轴、五片区"。"双心"指的是村庄的两个公共服务中心，即以村民委员会和实业公司原址形成公共服务中心、以玉兰公园周边形成的公共服务中心。"三轴"指的是玉兰大道、育才街、幸福路。"五片区"指的是由村庄主要道路联系、分割的五个功能区。

在公共服务设施规划上，新建幼儿园、卫生院、幸福院等，满足村民需要，并为周边村庄服务。在基础设施规划上，完善道路，实现集中24小时供水，污水统一集中处理，统一使用天然气。在村庄环境综合整治上，将整治内容分为控制类、指导类、引导类三类。通过村庄环境整治，对住宅建筑风貌按照"红瓦、白墙"进行引导，村庄整体风貌统一，形成"红瓦白墙、工农共进、商服繁荣"的新农村景象。

在规划编制和实施过程中，项目组探索"自下而上"规划编制方法，坚持村民全程参与规划编制。探索采用控规指标，控制各类建设用地，塑造村庄特色。探索村庄产业发展路径，整合村庄各类资源价值，实现村庄经济持续健康发展。现实证明，本次的规划是一次成功的规划，规划中提出的"一产抓特色、二产调结构、三产育旅游"以及其他措施都在后期得到落实，并为东留善固村的发展打下了坚实的基础。

王硇村：
书写古村落里的新画卷

一、基本情况

王硇村位于河北省沙河市西部太行山区，属于柴关乡管辖。建于明朝永乐年间，历史悠久，石头民居特色突出，以明、清两代民居为主，山村古村落完整，建筑工艺精湛，融合了南北建筑风格，形成了太行山一带农村独有的建筑形式。这里曾是一个人均收入不足600元的贫困山村，而现在的王硇村是邢台市古村落保护和旅游开发的一面旗帜，已拥有5个国家级荣誉称号，先后被评为中国传统村落、中国最有魅力休闲乡村、中国历史文化名村、中国乡村旅游模范村和第一批全国乡村旅游重点村。

二、主要做法与亮点

王硇村在村庄保护规划之前，存在许多问题，比如，盲目建设影响了古村落风貌；基础设施匮乏，严重影响人民的生产生活；古建保护状况较差，居民对古建保护意识偏低，乱搭乱建现象较严重；传统村落的空心化、老龄化现象严重；很多具有特色的房屋年久失修，濒临倒塌等。如何解决这些问题，在保护古村落的同时，发展村庄经济，增加村民收入成为王硇村规划的当务之急。

　　王硇村规划要求在历史文化遗产保护优先的前提下，合理利用、永续利用历史文化资源，带动村民增收致富，激活村庄发展活力。在保护内容上，不仅要保护文物古迹、历史建筑、历史环境要素、历史街巷、重点地段、自然环境、传统格局和历史风貌等物质文化遗产，还要保护织布、刺绣、剪纸以及平调、落子等非物质文化遗产。

　　在村庄发展与建设规划上，维护古村落整体空间格局，有序发展新区，完善道路系统，改善基础设施条件，美化村内环境，营造特色公共空间。具体做法有在村庄入口处建文化展示中心，增加街头绿地、建筑小品等，对道路沿线、水塘地段进行绿化改造，实施道路广场整修、集中供水、电力电信改造、排污等村庄整治工程。

　　王硇村规划采取保护性开发与开发性保护并举，并以开发性保护为主。项目组按照保护是基础、研究是手段、发展是目的思路，编制保护规划，增强了村庄发展活力，增加了村民收入水平，改善了人居环境。同时，吸收文物保护、历史建筑、规划设计等专业和相关部门的积极参与，针对古村落内典型院落和标志性建筑的保护、修缮、更新等工程提出具体的实施措施和操作意见，以指导古村落保护的有序进行。

黑崖沟村：
山水田园生态旅游带来金山银山

一、基本情况

黑崖沟村属于河北省阜平县龙泉关镇，处于太行山东麓的深山区，抗战时期则是晋察冀边区的一部分。交通不畅、信息闭塞，曾让黑崖沟村村民长期处于闭塞状态，经济基础十分落后。黑崖沟有着得天独厚的旅游条件和优势，森林覆盖率85%，黑崖、歪头山等自然风景别具一格，白衣寺拥有千年历史，村庄距五台山景区40千米，距天生桥瀑布20千米，距骆驼湾、顾家台景区7千米。旅游文化产业蓄势待发。2007年，黑崖沟大桥的建设，为黑崖沟村带来了第一次发展机遇。2013年，黑崖沟村同中国书画院签订建设书画村框架协议。这个偏远的小村庄，如今成了经常举办各种艺术节的旅游文化村，黑崖沟樱桃文化艺术节更是驰名全国。

二、主要做法与亮点

2013年3月，阜平县黑崖沟村被住建部定为全国村庄规划试点村，河北省城乡规划设计研究院承担了该项目的编制。结合河北省开展的农村面貌改造提升行动，规划以村庄环境整治为主，提出"1+10"规划设计模式，主要内容包括1个村庄总体规划、10个村庄环境整治专项规划。

在村庄总体规划上，脱贫致富是本次规划重点内容之一，规划提出重点发展精品农业、积极培育文化与乡村休闲旅游业、逐步壮大集体经济的措施，如发展苹果、核桃、樱桃、中药材等特色种植业和黑猪养殖业，重点整治修缮白衣寺、建设太行山书画景区和写生基地、特色林果采摘园和农耕文化体验园、农家乐等配套设施。一方面，对村庄整体风貌进行控制规划，例如按照原貌，对白衣寺、人民舞台、碾坊等历史建筑进行修缮，保护石碾、地窖等特色设施；对村庄特色风貌进行保护，规划做到不劈山、慎砍树、不填塘、不占耕地。另一方面，对民居建设进行改造指引，依据多数民居灰瓦白墙的朴素风格现状，确定村庄主色调为灰白色系，只对新建和改建住宅的房屋高度、色彩、风格方面提出建设和改造要求，打造"山水环绕、绿树掩映、灰瓦白墙、书香四溢"的田园山水特色风貌。

在环境整治专项规划中，立足现状，对现有设施进行补充和完善。重点围绕道路整治、给水工程、排水工程、电力电信工程、公共服务设施规划、村庄风貌整治与建设、民居改造、安全防灾设施整治、环境卫生设施整治、能源设施整治10个方面专项规划设计，设计考虑乡土特色、经济适用、节能环保。

在规划的设计和实施过程中，项目组探索"专家把脉、部门合作、村民参与、上下结合"的规划编制方法。注重实地调查研究，保证规划方案的因地制宜和实施的可操作性。多次同镇村干部、村民代表、种养大户、驻村工作组等座谈，并邀请专家到村，指导产业发展，探索稳脱贫、快致富的发展路径，探索村企共建，发展文化与休闲旅游产业的扶贫新模式。为保障规划的实施，将规划内容细化成建设项目，实现规划实施有的放矢；纳入村规民约，探索群众自我约束、相互监督的新路径；转化管理要求，实现规划管理法制化；转化技术图解，实现规划内容的通俗易懂；建立项目跟踪回访制度，定期进村技术指导。

宁夏回族自治区：
开展"一村一年一事"行动　稳扎稳打推进乡村治理

一、基本情况

宁夏回族自治区位于西北内陆地区，是我国5个少数民族自治区之一，总面积6.6万平方千米，下辖5个地级市、22个县（市、区）、193个乡（镇）、2 207个行政村，享有"塞上江南"的美誉。为加强和改进乡村治理，自治区党委、政府聚焦农民群众生产生活实际困难和急、难、愁、盼问题，在全区农村开展"一村一年一事"行动，每年为每个行政村办好一件实事。

二、主要做法与亮点

"一村一年一事"行动开展以来，共办理各类事项6 210件，包括户厕改造等基础设施事项，大棚建设、改造等产业发展事项，便民服务中心等公共服务事项，爱心超市等乡村治理事项等。近3年，自治区共完成总投资75亿元。实践证明，行动有效激发了农民群众参与乡村治理的积极性和主动性，获得了社会各界的积极反响，成为实施乡村振兴战略的重要抓手。

加强组织领导，落实工作责任。宁夏回族自治区坚持高位谋划推动，将"一村一年一事"行动列入自治区一号文件，并纳入实施乡村振兴战略综合考评。自治区党委农办发挥工作专班统筹协调作用，建立工作推进落实定期报告和调度通报制度，督促责任事项落实。各县（市、区）十分重视行动的开展，党委和政府牵头把握全局，部门和乡（镇）配合，村级主办，专人负责，形成上下协同、衔接有序的工作机制。

注重关键环节，建立长效机制。一是充分调动农民主体作用，紧盯农民关注的重点问题，让农民群众自己说事、议事、办事、干事；二是建立五级联动工作机制，由村、乡（镇）、县（市、区）、市、相关厅（局）协调办理；三是建立统筹谋划一体推进工作机制，允许相邻的行政区域对于基础设施等公共服务类项目共同谋划实施，确保各部门有效衔接；四是建立任务清单机制，制定"一村一年一事"年度任务清单，建立工作任务台账；五是建立项目编号管理机制，对每个行政村项目按照年份编号，建立项目档案数据库；六是建立长效推进机制，以"一年办一事，三年大变样，五年建新村"为目标导向，打造一批示范村，将解决乡村的事常态化。

实现制度保障，确保行动成效。一是建立调度通报制度，自治区党委农办建立工作推进落实定期报告和调度通报制度，各地发挥工作专班和村级监督委员会作用；二是完善宣传交流制度，如建立行动微信工作群，强化业务培训和宣传引导；三是健全考核评价制度，包括分级制定考评办法，层层签订事项落实责任书，进行抽查考评，给予资金奖补等方式。

统筹项目资金，形成推动合力。整合各类乡村项目资金，集中社会各界力量参与，优先实施"一村一年一事"行动事项；自治区财政安排奖补资金，调动各村的积极性。

昆山市：

"五个一"推动百村共治 乡村治理转向"大家管"

一、基本情况

昆山市是江苏省辖县级市，毗邻上海市，辖3个区、8个镇，有165个行政村（涉农社区），常住人口209万人，城乡居民收入长期位居全省前列，综合实力连续17年位居全国百强县首位。近年来，昆山市深入实施百村共治工程，开展"五个一"行动，打造了一个"海棠花红"品牌、一套小微权力清单、一项民主议事机制、一项美丽庭院行动、一个村务公开平台，推进乡村治理体系和治理能力现代化，推动乡村治理从"大管家"到"大家管"。

二、主要做法与亮点

打造了一个"海棠花红"党建服务品牌，发挥基层党组织在乡村治理中的领导作用。一是搭建阵地统一标识。把阵地建到群众家门口，建成投用各类党群服务中心、站、点，每个阵地统一标识"海棠花红"。二是依托阵地服务惠民。以党群服务阵地为依托，吸纳党政部门、各类组织，集中力量，将党建工作指导服务与综合性便民服务等融为一体。三是发挥阵地先锋作用，积极推进"行动支部"建设。

梳理一套小微权力清单，制约和监督基层权力运行。一是以"一人一委一网"强化基层监督力量，建立由村纪检委员（纪委书记）、村务监督委员会（本村村民）、三级廉勤监督网组成的基层监督队伍，做好党内监督、民主监督、群众监督。二是以"一单一图一环"规范基层权力运行，构建村级小微权力清单、权力运行流程图、权力运行监督闭环。三是以"大数据＋"提升基层监督质效。群众通过相关微信公众号可随时查看各项村级小微权力和流程图，在线反馈问题，随时监督。

强化一项民主议事机制，实现共建、共治、共享。一是议事有场所，成立老书记工作室、百姓议事庭、吃讲茶等议事平台。二是实现全覆盖，议事内容全面覆盖，村民全过程参与。三是权益有保障，让村民从旁观者变成参与者和受益者。四是弘扬新乡风，通过制定村规民约等方式，革除陈规陋习，提高村民素质。

开展一项美丽庭院行动，发挥积分制作用，打造美村美居。一是增强政策扶持力度，如运用积分制评选"星级户"家庭，完善宣传教育、入户指导、互评互晒、督查检查等长效机制。二是提高群众参与热情，建立家庭户积分评价体系，给予高评价的农户奖励，组织各类创建活动，评选"最美庭院"。三是改变人居环境水平，通过实行积分制，人居环境整治逐步转向"大家管、齐参与"的局面。

建设一个村务公开平台，推动农村数字化治理。一是线上线下同步公开，实行线上公众号、线下公开栏双公开机制，接受农民监督。二是畅通群策群议渠道，利用微信公众号服务各级组织和村民。三是实时动态监管资产，村民可通过网络平台及时做到线上监管。

航头镇：
以"科技＋积分"推动乡村治理提质增效

一、基本情况

航头镇，隶属上海市浦东新区，位于浦东新区西南部，面积约60平方千米，农村区域占全镇面积2/3，共有13个村、30个居委会，常住人口近20.9万人。一段时间以来，全镇人口老龄化问题日趋严重，加上大量外来人员居住在自然村宅，全镇乡村治理工作量大面广、情况复杂，村民参与乡村治理热情不高、主动性不够。为此，航头镇探索运用"科技＋积分"的方式创新乡村治理，在乡村治理中推广应用积分制，建立智慧化积分平台，推动乡村治理更加智慧有效。

二、主要做法与亮点

围绕乡村治理问题，建立特色积分体系。第一，整理归类全镇乡村治理事项，梳理出14类痛点难点，如垃圾分类绿色积分、出租屋安全管理等问题。第二，建立导向明确的积分指标体系，正面指标在人居环境、文明新风、知法守规、人人参与4个方面引导村民行为，负面指标针对涉黑涉恶等违法行为，进行底线约束。第三，分层细化14类事项，形成简明易懂的积分办法。根据村民的具体行动，细化评分内容；同一类事项根据完成情况不同，给予不同分值；根据不同事项执行情况，选择适合的评分周期。

打造智慧化积分平台，提高村民自治热情。一是通过数字积分推动全村村民参与。鼓励全村家庭使用手机端积分制小程序，参与乡村治理各项事务，并公开村组内家庭得分情况和积分排名。二是以户为单位进行线上积分申报，强化村民自我管理。针对不同事项的具体要求和评分特点差异，用不同方式申报积分。三是将乡村治理积分制纳入城运中心应用场景，实现互联互通。简化积分申报审批流程，村民在家即可申报、查询、兑换积分；实时汇总分析积分推进情况，根据各村、组、户积分数量生成图表，直观显示乡村治理效果和村民参与程度；共享全镇乡村治理事项数据，为政府提供管理决策支持。

强化制度保障，夯实基层党建引领。在组织领导方面，形成"镇—村—组"三级联动保障机制，统筹推进积分制工作。在前期筹备环节，组建积分制工作推进小分队，进村开展调研，组织代表讨论交流重难点问题，听取建议。在宣传发动环节，积分制工作推进小分队逐户登门讲解，提供专门辅导，增设积分制使用指导窗口。在积分评定环节，村"两委"班子、专职干部组成村积分制工作推进专班，严格把关，建立村镇审核制度，强化积分审核公平性，每季度公示积分情况。积分制工作开展以来，村民积极参与，极大提高了自治主动性，各村治理成效显著。

恩施土家族苗族自治州：
驻村"尖刀班"联动发力　提升乡村治理能力

一、基本情况

湖北省恩施土家族苗族自治州位于湖北省西南部，是革命老区、三峡库区，面积2.4万平方千米，辖2个市、6个县，总人口402万人，有土家族、苗族、侗族等28个少数民族。近年来，全州聚力乡村振兴重点任务，以驻村"尖刀班"（由村"两委"、驻村工作队和包村干部整合组建）为乡村治理抓手，充分发挥村党组织引领带动作用，整合村级组织、农民群众、社会服务等各方力量，强化"三方联动""三治融合""三力齐发"的"3个三"模式，从治理主体、治理方式、治理对象上探索乡村治理方法，针对性解决乡村治理难题，提升乡村治理能力。

二、主要做法与亮点

形成"1+4+N""三方联动"，加强建立基层组织体系。一是坚持"1"个引领。发挥基层党组织在乡村治理的作用，建强"乡镇党委—村党组织—村民小组（网格）—党员中心户"四级组织体系。二是落实"4"级责任。建立州领导包县、县领导包乡、乡领导和驻村单位"一把手"包村、"尖刀班"干部包组包户的责任体系。三是吸引"N"方参与。动员民营企业、社会组织等社会各界参与乡村建设。

坚持"三治融合"，形成多元治理模式。一是以"自治"为基。大力推行积分制，激活村民参与乡村治理的积极性，建立村级办事事项清单制，使小微权力运行透明化。二是以"德治"为先。如通过家风家教助廉基地等提升村民道德观念，以评选、奖励等活动营造向上向善风气。三是以"法治"为本。完善普法渠道，提供法律援助，建立多元的矛盾纠纷解决体系。

坚持"三力齐发"，强化驻村"尖刀班"队伍保障，夯实乡村治理保障水平。一是在后勤保障上发力，落实村级组织运转经费保障。二是在能力提升上发力，对驻村人员进行全员轮训，推动思想解放、观念更新。三是在资金投入上发力。统筹整合财政涉农资金，实行跨部门、跨年度、跨层级统筹；积极拓宽农村融资渠道，吸引金融资本向农村汇集。

恩施土家族苗族自治州以驻村"尖刀班"为抓手，乡村治理工作初见成效。首先，实现治理力量由"弱"到"强"。实现由原来的单一村级组织向以"尖刀班"为中心、各方力量协同的转变，进一步提升农村基层党组织各方面的能力。其次，实现治理效能由"粗"到"精"。驻村"尖刀班"以群众认可为导向，推进乡村治理数字化、信息化。最后，实现治理模式由"单"到"融"。驻村"尖刀班"统筹搭建平台，整合多部门资源，开展各类活动，激活了村民的积极性。

象山县：

搭建"村民说事"线上系统　畅通群众议事协商渠道

一、基本情况

象山县位于浙江省东部，辖10镇、5乡、3街道、355个行政村，常住人口57.4万，2022年实现地区生产总值720.04亿元，财政总收入100亿元。象山县积极探索"村民说事"制度迭代升级，以解决问题、满足需求为导向，创新推出"线上＋线下"模式，推动"说议办评"数字化升级、全闭环运行，实现"群众说得出、决策议得好、事情办得实、成效评得准"，走出了一条党建引领、村民主体、"四治"融合的乡村善治之路。

二、主要做法与亮点

再造"村民说事"数字化管理流程链条，构建线上递进式事务流程。一是核心任务清单化。设定说事、议事、办事、评事4个一级任务和一般事项报备、重大事项报备、信息发布等25个二级任务。二是业务流程标准化。围绕"说、议、办、评"4个主要环节，建立民意收集、民主协商、民事村办、村事民评的乡村治理标准体系框架，制定五大类型细化内控标准。三是管理制度规范化。制定出台一批标准化实施规范，涉及监督、服务、小微权力清单等规范，提炼总结乡村治理经验。

聚焦应用开发，全面提升乡村治理水平。一是拓展村民参事网上渠道。建立线上说事平台，村民表达意见的方式更方便快捷，时间更灵活，与线下说事形成有效互补；开发多功能场景，如视频直播、在线投票、生成纪要等，让决策过程更公开透明。二是拓展村级事务决策形式。如搭建"线上会议＋现场会议"模式，打破空间限制，扩大会议覆盖范围；建立"实名认证＋人脸识别"准入机制，保证会议决策规范性、合法性。三是建立村级事务网办系统。建立村级事务办理展示系统，随时查看事项办理进度，做到过程公开；实行前台综合进件、后台分类审批模式，通过终端平台统一推送，实现事项办理"跑零次、找一人"的目标，大大缩减村干部工作量。

聚焦业务跨部门协同，推动信息互联互通。一是建立分级问题处置机制。建立决策议题管理系统，按照重要程度将事件分级入库、分类处理，联通市、县基层治理各平台，协同办理村级事务；加快基层便民服务点建设，落实一般事项快速结、重点事项书记抓、联办事项流转办。二是建立小微权力运行联督机制。建立小微权力运行监督系统，全流程监管村务决策，线上投诉直达中纪委；建立评价反馈机制，对办理结果进行打分评论。三是强化联评考核结果应用。将线上"村民说事"评测结果纳入乡（镇）考核，考核结果会影响下一年的镇、村两级涉农项目资金安排，县纪委监委会、县财政局等联合把关考核过程。

附　录

附录一　农民参与乡村建设指南（试行）

第一章　总则

第一条　为深入贯彻党的二十大精神，全面落实党中央国务院关于扎实稳妥推进乡村建设的决策部署，充分调动广大农民群众参与乡村建设的积极性、主动性、创造性，完善农民参与机制，激发农民参与意愿，强化农民参与保障，广泛依靠农民、教育引导农民、组织带动农民共建共治共享美好家园，根据《乡村建设行动实施方案》，制定本指南。

第二条　组织农民参与乡村建设，坚持以习近平新时代中国特色社会主义思想为指导，践行以人民为中心的发展思想，落实乡村建设为农民而建的要求，坚持党建引领、村民自治，尊重意愿、维护利益，程序规范、公开公正，强化保障、注重实效，全过程、全环节推动农民参与，使农民内生动力得到充分激发、民主权利得到充分体现、主体作用得到充分发挥，引导广大农民用辛勤劳动建设宜居宜业和美乡村，逐步使农村基本具备现代生活条件。

第三条　本指南适用于各地在实施乡村建设行动中，组织农民参与村庄规划编制、乡村基础设施和公共服务设施建设与管护等工作。

第四条　国家乡村振兴局会同中央组织部、国家发展改革委、民政部、自然资源部、住房城乡建设部、农业农村部推动完善农民参与乡村建设的程序和方法，指导组织实施。各部门结合职能做好相关工作。

第二章　组织动员农民参与

第五条　健全党组织领导下的村民自治机制，坚持和完善"四议两公开"制度，充分发挥村民委员会、村务监督委员会、集体经济组织和共青团、妇女组织等作用，依托村民会议、村民代表会议、村民议事会、村民理事会、村民监事会等，开展宣传发动，增强农民参与感、责任感、归属感。

第六条　增强农村基层党组织政治功能和组织功能，完善农村基层党组织引领带动机制，运用网格化管理、党员联户、党员示范带动等联系群众工作机制，组织群众、宣传群众、凝聚群众、服务群众，推动乡镇干部常态化下沉网格、村干部包网入户，促进形成农民群众愿参与、会参与、能参与乡村建设的生动局面。

涉及村庄规划、建设、管护等乡村建设重要事项，应由村党组织提议，经村"两委"会议商议、党员大会审议、村民会议或村民代表会议决议，并及时公开决议和实施结果。

第七条　完善村党组织领导下的村民委员会、村务监督委员会、村集体经济组织推动落实机制，增强农民群众自我管理、自我服务、自我教育、自我监督的实效。对乡村建设重要事项，由村民委员会组织农民充分讨论、参与决策、投身建设和管护，村务监督委员会组织农民监督资金使用、项目建设、政策落实，农村集体经济组织可结合实际组织成员承担建设、管护任务。

完善村民议事会、村民理事会、村民监事会等协商推进机制，落实民事民议、民事民办、民事民管要求，充分保障农民的知情权、参与权、监督权。

第八条　以村"两委"为主体，发挥驻村第一书记和工作队作用，围绕村庄规划、建设和管护，压实党员、网格员等责任，开展宣传发动，让农民充分了解村庄建设政策和发展定位，了解参与路径和方式，引导农民在思想和行动上积极支持村庄建设。

第九条　组织乡村建设交流学习，加大"请进来"力度，引导规划师、设计师、建筑师等专业技术人才深入基层，下沉到村，提供规划、设计、建设、管理全链条咨询服务，帮助村"两委"班子谋思路、出措施，辅导农民转变观念，提升参与建设本领；采取"走出去"方式，组织村"两委"、村民代表学习示范样板村发动组织农民、推进建设的经验。

第十条　发挥村规民约规范约束作用，将农民参与乡村建设纳入村规民约，鼓励通过投工投劳、捐款捐物、志愿服务等多种方式参与乡村建设。

第十一条　优先支持村"两委"动员能力强、群众参与程度高、投工投劳意愿足、利益冲突化解好的村庄实施基础项目建设，优先支持参与意愿高、主动投工投劳的农户实施入户项目建设。

第三章　引导农民参与村庄规划

第十二条　坚持规划先行、科学规划、依规建设，将党的领导、政府组织领导、农民发挥主体作用、专业人员技术指导作用有机结合，充分尊重农民意愿，围绕"建设什么样的村庄、怎样建设村庄"，引导农民献计献策、共商共议，积极参与村庄规划。

第十三条　乡镇党委、政府组织村"两委"和规划编制人员宣讲村庄规划政策，重点讲清村庄规划的法定地位、编制程序，让常住村民和在外村民都知晓规划是村庄建设的主要依据，农民参与是规划编制的重要前提，村民会议或者村代表会议讨论通过是规划审批的必要条件，审定批准的规划必须严格执行，让农民充分重视规划，自觉遵守规划。

第十四条　乡镇政府依托村党组织和村民委员会开展村庄规划编制工作，注重吸纳具有规划知识、了解农村实际、熟悉乡村文化的村民或在外同乡参与规划。

村庄规划编制专业人员应开展一定时间的驻村调研，充分听取农民意见，通过会议讨论、入户调研、问卷调查等方式，了解村民真实想法和诉求。

第十五条　通过会议协商、入户协商等方式，引导农民共议村庄建设定位、建设目标、建设任务、建设举措。存在争议的，应组织农民深入讨论，逐步达成共识。

第十六条　村庄规划草案应在村内公示，按照"四议两公开"制度规定履行审议程序。

第十七条　村庄规划由乡镇政府报请县（市、区）政府批准后，采取"上墙、上网"等多种方式向村民及时、长期公开，并将规划成果转化为简明易懂的规划图表和管制规则，让农民看得懂、记得住、好监督。

第四章　带动农民实施建设

第十八条　坚持先建机制、后建工程，采取以工代赈、先建后补、以奖代补等方式，引导村民投工投劳、就地取材开展建设，吸纳更多农民就地就近就业。

第十九条　村"两委"应聚焦农民急难愁盼的切身利益问题，组织农民议定村庄建设项目优先序，将群众需求强烈、短板突出、兼顾农业生产和农民生活条件改善的项目，优先申请纳入乡村建设项目库。

第二十条　村庄建设项目应符合村庄规划并依法办理规划许可，注重经济实用，杜绝形象工程，吸纳村民代表、返乡创业人员、新乡贤、乡村建设工匠等参与项目策划、方案设计。

第二十一条　对入户道路、入院管道、户厕改造、庭院绿化、农房修缮等权属边界清晰的户属设施项目，由农民自主开展建设，行业主管部门提供规划引导、技术指导和政策支持。

对村内道路、公共照明、农田水利、村容村貌改造、文化体育等技术要求简单的村级小型公益设施项目，可由村民委员会、农村集体经济组织承接，组织有能力、有意愿的农民开展建设。

对等级公路、规模性供水、仓储保鲜、清洁能源、通讯网络、污水垃圾处理等技术要求较高的专业设施项目，应由符合资质的主体承接，优先聘用本地农民或通过村民委员会、农村集体经济组织组织农民参与建设。

第二十二条 村务监督委员会全程监督工程项目进度和施工质量，阶段验收和竣工验收时，入户或联户项目须由农户签字同意，村庄公共设施项目须由村"两委"、村务监督委员会负责人签字同意。

第二十三条 村民委员会应将承建的乡村建设项目收支情况，以便于群众理解和接受的形式，如实向全体成员公开，接受成员监督。

第五章 支持农民参与管护

第二十四条 坚持建管并重、长效运行，在深入落实地方政府主导责任、行业主管部门监管责任、运营企业管护责任的同时，发挥村民委员会作用，支持农民参与农村公共基础设施和公共服务设施管护。

第二十五条 按产权归属落实农村公共基础设施和公共服务设施管护责任，合理确定管护主体，保障管护经费。

村民委员会对所属公共基础设施承担管护责任，可委托村民、农民合作社或者社会力量代管。户属设施由农户承担管护责任，村民委员会组织村民或者社会力量提供社会化服务。

供水、电力、燃气、通信、邮政等设施运营企业对所属公共基础设施承担管护责任，学校（幼儿园）、医院（卫生院）、养老院等农村公共服务供给单位承担所属设施管护责任，自觉接受村"两委"和村民监督，优先聘用当地农民开展管护。

第二十六条 采用党员责任区、街巷长制、文明户评选、"信用+"、积分制、有偿使用等方式，引导农民积极参与管护。

推行"门前三包"，村"两委"组织制定"门前三包"环境标准，与农户签订责任书，悬挂责任牌，明确房前屋后环境卫生、绿化美化、公共设施、公共秩序的管护主体、责任区域、包干内容、管理责任，定期组织考评，发动农民共同维护人居环境整治成果。

组织受益者认领，对村内小型公园、图书室、活动室等设施，鼓励受益农民自愿组建管护团队，明确管护义务与责任，采取多种形式加强设施管护。对于入街入户的建设项目，由受益农户共同管护。

组建使用者协会，由村民委员会或者村民小组组织使用农户负责设施的日常管理和维修养护。

设立公益性管护岗位，对村庄公共基础设施、人居环境设施管护等领域公益性岗位，优先从低收入农户中聘请管护员，负责日常巡查、小修、保洁等管护工作。

第二十七条　健全农村准经营性、经营性基础设施收费机制，充分考虑成本变化、农户承受能力、财政支持能力，合理确定收费标准，引导农民自觉缴纳有偿服务费用。

第二十八条　村"两委"在村务公开栏内设立公示专栏，公示村庄公共基础设施管护主体、管护责任、管护方式、管护费用及经费来源，接受农民监督。

第六章　强化农民参与保障

第二十九条　各地应将组织农民参与乡村建设作为实施乡村建设行动的重要举措，加强组织领导和统筹协调，发挥县级党委"一线指挥部"作用、乡镇党委"龙头"作用和农村基层党组织战斗堡垒作用，用好驻村第一书记和工作队，提高组织动员农民能力，保障农民参与权益。

以县为单位组织编制农民参与乡村建设权责清单，明确农民参与村庄规划编制实施、基础设施建设管护、人居环境整治提升方面的权利和责任。

持续开展村庄清洁行动，县乡主要负责同志为"一线总指挥"，村党组织书记是第一责任人，广泛发动农民群众清洁村庄公共环境和庭院环境。

在乡村建设中深入开展美好环境与幸福生活共同缔造活动，组织农民群众决策共谋、发展共建、建设共管、效果共评、成果共享，共同建设美好家园。

第三十条 深入实施设计下乡、"百校联百县兴千村"、"万企兴万村"等行动，建立乡村建设辅导制度，通过选派、招聘、购买服务等方式，组织了解乡村、热爱乡村、致力于服务乡村的规划、建筑、景观、文化艺术、乡村治理等领域的专业人员，下乡进村开展陪伴式规划、设计和建设，指导村庄规划编制、矛盾化解和项目实施，促进提高农民参与质量、提升乡村建设水平。

加强农民参与乡村建设理念教育和技能培训，培养一批乡村建设工匠、土专家等本土人才，结合基层干部培训，提高乡镇干部、村党组织书记等组织农民参与乡村建设的能力。

第三十一条 创新乡村建设政府投入机制，通过先建后补等方式，引导农民群众由"要我参与"向"我要参与"、由"要我建"向"我要建"转变。对采取以工代赈方式实施的农业农村基础设施项目，按照招投标法和村庄建设项目施行简易审批的有关要求，可以不进行招标。对农民投资投劳项目，采取直接补助、以奖代补等方式推进建设。

第三十二条 定期调查评估农民参与乡村建设情况，将项目实施前农民对乡村建设政策和参与方式的知晓率，项目实施中农民以投工投劳、捐款捐物、志愿服务等形式参加建设的参与率，项目实施后农民对项目质量和建设效果的满意度，分别作为项目批准立项、奖补资金拨付、竣工验收的重要指标，原则上知晓率、参与率、满意度应分别达到80%以上。

健全投诉举报机制，畅通投诉渠道，公开举报方式，及时受理和处置有关农民参与乡村建设的投诉、建议。

第三十三条 将农民参与乡村建设作为全国文明村镇、国家乡村振兴示范县及省级部门按规定开展的乡村振兴示范乡镇、示范村创建的重要内容，纳入美丽宜居村庄示范创建和美丽庭院评选指标。支持县（市、区）选树一批农民参与乡村建设先进村、模范户。

第三十四条　深入总结农民参与乡村建设经验，推广可复制、可借鉴的典型案例，重视发挥乡村"邻里效应"，以身边人身边事影响带动农民参与乡村建设。广泛开展"我的家乡我建设"等群众性建设活动，以乡情乡愁为纽带吸引凝聚各方人士支持家乡建设。

第七章　附则

第三十五条　各地可依据本指南，结合实际制定实施办法。

第三十六条　本指南由国家乡村振兴局会同有关部门负责解释，自印发之日起施行。

附录二 村级公益事业建设一事一议财政奖补资金管理办法

第一条 为全面贯彻落实村级公益事业建设一事一议财政奖补（以下简称一事一议财政奖补）政策，进一步规范一事一议财政奖补资金管理，提高资金使用效益，制定本办法。

第二条 本办法所称一事一议财政奖补资金，是指中央和地方各级财政安排专项用于村级公益事业建设一事一议财政奖补项目的资金。

第三条 一事一议财政奖补资金应按照以下原则进行使用和管理：

（一）民办公助，适当奖补。一事一议财政奖补坚持以农民民主议事为前提，以农民自愿筹资筹劳为基础，严格禁止变相加重农民负担。政府通过民办公助的方式，对符合规定的村级公益事业建设项目给予适当奖补。

（二）分清责任，明确范围。对农民通过一事一议筹资筹劳开展的村内道路、农田水利、村容村貌改造以及村民通过民主程序议定需要兴办且符合本省（含自治区、直辖市、计划单列市，新疆生产建设兵团及黑龙江省、广东省中央直属垦区，下同）有关规定的其他公益事业建设项目，国家按规定给予奖补；跨村以及村以上范围的公益事业建设项目继续通过现有专项资金渠道解决，不得列入一事一议财政奖补范围；农民房前屋后的修路、建厕、打井、植树等投资投劳由农民自己负责。

（三）严格管理，专款专用。一事一议财政奖补资金专项用于对农民通过一事一议筹资筹劳开展的村级公益事业建设项目的补助。任何单位或个人不得截留、挪用一事一议财政奖补资金，不得用于村办公场所建设、弥补村办公经费、村干部报酬等超出财政奖补范围的其他支出。

（四）直接受益，注重实效。坚持办实事，重实效，以社会效益为目标，重点支持农民需求最迫切、反映最强烈、利益最直接的村级公益事业建设项目。

第四条　一事一议财政奖补资金使用实行分级管理。省以下各级财政部门的管理职责，由省级财政部门研究确定。

第五条　财政部负责制定一事一议财政奖补资金管理政策，对省级财政部门分配、下达中央财政奖补资金，组织实施对地方各级财政部门管理和使用财政奖补资金的目标考核和监督检查。

第六条　省级财政部门负责制定本省一事一议财政奖补资金管理政策，对省以下财政部门分配、下达财政奖补资金，组织实施对下级财政部门管理和使用财政奖补资金的目标考核和监督检查。

第七条　省以下财政部门依据中央和省级财政部门规定，管理和使用上级财政部门下达的以及本级预算安排的一事一议财政奖补资金。

第八条　中央财政在年初预算中安排一定资金用于支持地方一事一议财政奖补工作，并根据中央财力状况适度增长。

第九条　地方各级财政部门应按照本地区有关规定，将本级财政负责安排的一事一议财政奖补资金列入预算，逐步增加资金规模。

本级财政安排的奖补资金，应与上级财政部门下达的奖补资金一并用于一事一议财政奖补项目。

第十条　中央一事一议财政奖补资金主要依据农业人口、地方财政困难程度等因素分配，并考虑对各省一事一议财政奖补工作开展情况的工作考核和监督检查结果。

第十一条　省、市、县级财政部门对下分配一事一议奖补资金时，应结合本地区实际情况，综合考虑农业人口、地方财政困难程度等因素，并考虑对下级一事一议财政奖补工作开展情况的工作考核和监督检查结果。

第十二条 村级公益事业建设一事一议财政奖补资金支出在"对村级一事一议的补助"科目中反映。地方财政部门可按照"渠道不乱、权限不变、优势互补、各记其功"的原则，将一事一议财政奖补资金和其他财政专项支农资金捆绑使用，放大强农惠农政策效用，但不得将其他专项资金列入"对村级一事一议的补助"科目。

第十三条 一事一议财政奖补资金在县、乡两级实行项目制管理。县级财政部门或乡镇财政所在安排一事一议财政奖补资金时，必须分解落实到每一个具体项目。

一事一议财政奖补项目开展应坚持规划先行、先议后筹、先筹后补的原则，按照村民议定、村级申报、乡镇初审、县级审批、省级备案的流程自下而上进行。

县级财政部门或乡镇财政所应建立项目库，年度建设项目优先从项目库中选取。一事一议财政奖补项目应实行项目预决算、考核验收、绩效评价等制度，提高资金使用效益和资金的安全性、有效性。

第十四条 一事一议财政奖补项目推行报账制。一事一议财政奖补项目原则上实行乡镇报账制，有条件的地方可以实行县级报账制。只有在村民筹资、村集体投入、社会捐赠资金到账，具备项目开工条件后，才能由村级提出申请，由县级财政部门或乡镇财政所按工程进度拨付资金，在项目竣工验收合格后办理清算，多退少补。

第十五条 一事一议财政奖补资金和项目应实行公示制度。县乡财政和农村综合改革部门应当按照政府信息公开的要求，全面公开一事一议财政奖补的政策标准、实施办法、办事程序和服务承诺，并督促村委会依据村务公开的有关规定公示有关情况。

一事一议财政奖补项目应当接受村民代表的全程监督。已建成的一事一议财政奖补项目，对村民筹资筹劳资金、财政奖补资金使用明细等应张榜公示，自觉接受群众监督。

第十六条　各级财政和农村综合改革部门应建立激励约束机制，对辖区内年度一事一议财政奖补工作开展情况进行工作考核，并将考核结果作为下一年度对下分配财政奖补资金的参考因素之一。

工作考核内容主要包括组织保障、资金安排、项目规划、制度建设、监管系统建设、政策落实等方面。工作考核办法另行制定。

第十七条　省级财政和农村综合改革部门每年应选择部分地区或项目，对一事一议财政奖补资金使用效益进行绩效评价，运用科学合理的评价指标、评价标准和评价方法，对资金支出的经济效益、社会效果等进行客观公正的评价。每年3月1日前应将上一年度绩效评价结果和本年度绩效目标报告财政部。

第十八条　财政部对各省管理和使用一事一议财政奖补资金情况的监督检查工作，原则上每年进行一次。

省级财政部门对省以下各级财政部门管理和使用一事一议财政奖补资金情况的监督检查工作原则上每年至少进行一次，监督检查结果应及时报告财政部。

第十九条　乡镇财政所应当充分发挥财政职能作用，加强对一事一议财政奖补项目申报、审核、实施、验收、资金拨付等环节的监督检查。

县级财政部门应认真做好与乡镇财政之间的信息沟通传递工作，把上级财政部门（包括本级财政部门）下发的有关政策、资金和项目管理制度、项目计划批复等及时下发、抄送乡镇财政，确保其有效开展监管工作。

第二十条　各级财政部门应当探索建立财政国库机构、商业银行与一事一议财政奖补信息监管系统联动机制，对一事一议财政奖补资金进行动态监管。

第二十一条　对一事一议财政奖补资金管理和使用中存在的违法行为，依照《财政违法行为处罚处分条例》（国务院令第427号）等有关规定追究法律责任。

第二十二条　各省级财政部门或农村综合改革部门应依据本办法，结合当地实际，制定具体管理办法，并报财政部备案。

第二十三条　本办法自2012年1月1日起施行。2009年1月19日发布的《财政部关于村级公益事业一事一议中央财政奖补事项的通知》（财预〔2009〕5号）同时废止。

附录三　国家以工代赈管理办法

第一章　总则

第一条　为充分发挥以工代赈政策作用，进一步规范和加强新形势下以工代赈管理，确保"赈"出实效，根据《中共中央　国务院关于实现巩固拓展脱贫攻坚成果同乡村振兴有效衔接的意见》《国务院办公厅转发国家发展改革委关于在重点工程项目中大力实施以工代赈促进当地群众就业增收工作方案的通知》《关于在农业农村基础设施建设领域积极推广以工代赈方式的意见》等文件精神和《政府投资条例》等有关规定，制定本办法。

第二条　本办法所称以工代赈是指政府投资建设基础设施工程，受赈济者参加工程建设获得劳务报酬，以此取代直接赈济的一项扶持政策。现阶段，以工代赈主要包括使用以工代赈专项资金实施以工代赈项目、在农业农村基础设施建设领域中推广以工代赈方式、在政府投资的重点工程项目中实施以工代赈等，主要目的是向参与工程建设的群众发放劳务报酬、开展技能培训，促进其就地就近就业增收。

第三条　实施以工代赈应坚守"赈"的初心，坚持扶志扶智、多劳多得、勤劳致富，鼓励引导群众通过诚实劳动实现增收致富、提高素质技能，加强困难群体就业兜底帮扶，努力增加低收入者收入，促进共同富裕，坚决防止出现"重建设、轻赈济"现象，严禁滥用以工代赈政策侵犯劳动者合法权益。

第四条　各级发展改革（以工代赈，下同）部门是以工代赈的行政主管部门，承担以工代赈工作的综合协调和具体管理职责，会同相关部门在农业农村基础设施建设和政府投资的重点工程项目中组织实施以工代赈。

以工代赈工作纳入国家和地方国民经济社会发展年度计划，按照"中央统筹、省负总责、市县乡抓落实"的管理体制，层层压实工作责任。

第五条 各级发展改革部门应加强对以工代赈工作的组织领导，强化以工代赈工作人员队伍建设，会同相关部门建立沟通协调机制，加强部门协同配合。

第六条 各级发展改革部门应会同相关部门建立健全以工代赈激励机制，加强典型宣传推介。对以工代赈工作积极主动、成效明显的地方和单位给予激励表扬，并在以工代赈专项投资安排中予以倾斜支持。

第七条 地方发展改革部门应根据国家及地方国民经济和社会发展五年规划，结合本地实际，同步编制实施以工代赈领域五年规划或相关工作方案。

第二章　以工代赈计划管理

第八条 以工代赈计划是指使用国家以工代赈专项资金组织实施的专门计划，包括以工代赈中央预算内投资计划、中央财政衔接推进乡村振兴补助资金以工代赈任务计划，可分年度或分专项安排。

以工代赈计划的基本内容包括投资规模及构成、建设内容、工作任务和政策要求等。

第九条 国家发展改革委负责研究提出以工代赈计划工作总体要求，组织有关省级发展改革部门编制建议计划草案。

省级发展改革部门负责审核下级发展改革部门编报的年度以工代赈建议计划，汇总编制本省年度以工代赈建议计划草案，及时报送国家发展改革委汇总。

建议计划草案应明确项目类别、项目名称、建设内容及规模、建设工期、项目总投资及资金来源、绩效目标等。

第十条 国家发展改革委按照党中央、国务院部署要求，根据地方经济社会发展、自然条件和受灾、相关人口规模和收入、计划安排和执行、劳务报酬发放等情况和工作成效评价及其他政策因素等，结合年度工作重点和地方建议计划草案，编制下达国家以工代赈计划，以切块或打捆方式下达分省规模。

第十一条　省级发展改革部门应自收到国家年度以工代赈计划之日起20个工作日内，将本省年度以工代赈计划分解下达到项目。

分解下达以工代赈计划应按项目明确资金安排方式。政府投资资金安排的非经营性项目，应采取直接投资方式。

以工代赈计划下达后，严禁未经批准擅自变更建设内容和建设规模。确需调整的，应由项目审批部门按程序审批，并按规定履行备案程序。

第十二条　地方各级发展改革部门应建立健全以工代赈计划执行监测机制，实行定期调度、动态监测。省级发展改革部门应跟踪掌握本省以工代赈计划执行情况，及时上报国家发展改革委。

第三章　以工代赈专项资金管理

第十三条　国家以工代赈专项资金包括以工代赈中央预算内投资、中央财政衔接推进乡村振兴补助资金以工代赈任务方向（以下简称"中央财政以工代赈任务资金"）。

各地结合当地实际，积极将以工代赈投入纳入本级财政预算，安排本级以工代赈专项资金。

第十四条　以工代赈中央预算内投资按照《中央预算内直接投资项目管理办法》（国家发展改革委2014年第7号令）、《中央预算内投资补助和贴息项目管理办法》（国家发展改革委2016年第45号令）等有关规定管理。

中央财政以工代赈任务资金按照《中央财政衔接推进乡村振兴补助资金管理办法》（财农〔2021〕19号）等有关规定管理。

地方各级发展改革部门应会同财政、乡村振兴等部门和单位，结合本地实际建立健全专项资金管理制度。

第十五条 以工代赈专项资金主要投向欠发达地区，并向原深度贫困地区、国家乡村振兴重点帮扶县、革命老区、易地扶贫搬迁后续扶持任务较重地区以及受自然灾害影响较大地区倾斜。对其他有关地区的以工代赈专项资金投入，按照国家有关政策要求安排。

第十六条 以工代赈专项资金重点支持公益性基础设施和产业发展配套基础设施建设，以及根据国家要求安排的其他工程建设。

公益性基础设施主要包括农村生活、交通、水利等基础设施、林业草原和城乡易地扶贫搬迁安置点配套公益性基础设施等。

产业发展配套基础设施主要包括农牧产业、乡村文化旅游产业、林业草原产业等基础设施和城乡易地扶贫搬迁安置点后续产业基础设施等。

第十七条 以工代赈中央预算内投资主要用于实施一批中小型基础设施建设项目，推广"公益性基础设施建设＋劳务报酬发放＋就业技能培训＋公益性管护岗位开发"和"产业发展配套基础设施建设＋劳务报酬发放＋就业技能培训＋资产折股量化分红"等综合赈济模式，进一步提高劳务报酬发放比例，形成示范带动效应。

中央财政以工代赈任务资金主要用于统筹支持巩固拓展脱贫攻坚成果、全面推进乡村振兴，实施一批小型基础设施建设项目并发放劳务报酬，与财政衔接推进乡村振兴补助资金其他任务形成合力。

第十八条 国家以工代赈专项资金应当用于新开工或续建项目，不得用于已完工项目。下达以工代赈专项资金时应与其他有关专项资金做好衔接，严禁重复安排。

以工代赈项目的具体补助标准可参照国家相关支持标准，由各省根据不同类型项目自行确定。

第十九条 国家以工代赈专项资金在满足项目建设需求的过程中，应重点用于发放参与项目建设劳动者的劳务报酬。不得用于下列支出：

（一）单位基本支出；

（二）交通工具及通讯设备；

（三）发放奖金津贴和福利补助；

（四）偿还债务和垫资；

（五）购买大中型机械设备等资产；

（六）购买花草树木、种苗仔畜、饲料、化肥等生产性物资；

（七）其他与以工代赈项目无关的支出事项。

以工代赈项目实施中的就业技能培训、公益性管护岗位开发等工作任务，由地方政府统筹相关财政资金及社会帮扶资金、企业投资等予以支持。

第二十条　县级发展改革部门应指导项目业主单位，充分评估论证财政承受能力和资金筹措方案，防范地方政府债务风险。各地可统筹符合规定的其他渠道资金、引导社会资金用于以工代赈项目建设，对于带动其他渠道资金较多的以工代赈项目予以优先支持。

第二十一条　各级发展改革部门应协调和配合相关专项资金管理部门按照以工代赈计划拨付资金，加强全过程绩效管理，严格资金拨付程序，确保资金安全、及时、准确、规范使用。

第四章　以工代赈项目管理

第二十二条　以工代赈项目是指使用以工代赈专项资金实施的基础设施建设工程。地方发展改革部门应深刻把握"项目建设是平台载体、就业增收是根本目标"的政策内涵，始终把解决群众就业增收问题作为以工代赈工作的出发点和落脚点，依据以工代赈规划计划建立项目库，将能够充分发挥"赈"的作用的建设工程纳入项目库，加强项目滚动储备和前期工作审查。

第二十三条　以工代赈项目按照基本建设程序管理。国家有特殊要求的项目由省级发展改革部门报国家发展改革委审批，其他项目由地方各级审批部门依据审批权限履行项目审批手续。各级审批部门按照"谁审批、谁负责"原则，对项目的审批管理和合规性负责。

第二十四条　地方各级发展改革部门应会同有关部门建立以工代赈储备项目的前期工作审查机制，按照"省负总责，省、市、县分级把关"的原则，可选择集中审查、委托第三方评估等方式，严格审查储备申报项目的前期要件和项目用工需求、劳务报酬发放可行性、资金投向合规情况等。

列入以工代赈建议计划的项目，原则上应在以工代赈项目库中选择，并优先支持发放劳务报酬比例高、带动当地群众特别是脱贫群众务工人数多、当地政府组织群众务工能力强、综合赈济效果好的项目。

第二十五条　以工代赈项目业主单位一般为乡镇人民政府和村民委员会、农村集体经济组织等。

村民委员会、农村集体经济组织作为项目业主单位的，应尽可能采取村民自建方式实施，切实保障村民知情权、参与权、监督权。鼓励和支持村集体经济组织通过组建村民理事会、劳务合作社、施工队等方式，自主开展以工代赈项目建设和管理。

第二十六条　按照招标投标法和村庄建设项目施行简易审批的有关规定要求，以工代赈项目可以不进行招标，任何单位和个人不得强制要求招标，不得另行制定必须招标的范围和规模标准。

符合村庄建设项目施行简易审批相关要求的，各地应优化可行性研究报告等审批，简化用地、环评、乡村规划许可、施工许可等审批手续。

第二十七条　以工代赈项目应按照相关工程标准进行设计、施工，明确工程责任单位和责任人，确保施工安全和工程质量符合相关要求。

第二十八条　县级发展改革部门应指导以工代赈项目业主单位、施工单位，按照"能用人工尽量不用机械，能组织当地群众务工尽量不用专业施工队伍"的要求，组织项目所在县域内农村劳动力、城镇低收入人口和就业困难群体等参加工程建设，并优先吸纳脱贫人口、防止返贫监测对象、因灾需救助人口、易地扶贫搬迁群众和受自然灾害等不可抗力影响无法外出务工劳动力等群体。

第二十九条　县级发展改革部门应督促指导项目业主单位，结合编制项目可行性研究报告或实施方案，明确务工组织领导、管理、监督等工作任务，细化实化以工代赈务工岗位、数量及务工时间、劳务报酬、岗前技能培训等内容。

业主单位应与项目所在乡镇人民政府、村民委员会和施工单位建立劳务沟通协调机制，督促施工单位与务工群众签订劳务合同（协议）。

第三十条　县级发展改革部门应指导以工代赈项目业主单位、施工单位，严格按照专项计划文件明确的劳务报酬占中央资金比例要求，结合当地群众务工收入水平确定劳务报酬发放标准和规模，做好劳务报酬发放工作，尽最大可能提高以工代赈项目劳务报酬占财政资金的比例。劳务报酬一般通过银行卡发放。

项目业主单位应公开、足额、及时发放劳务报酬，严禁拖欠、克扣，不得将租赁当地群众机械设备等费用计入劳务报酬。

县级发展改革部门在项目前期工作环节应指导以工代赈项目业主单位、施工单位，对能否足额发放劳务报酬进行论证，明确劳务报酬发放金额和标准。

第三十一条　以工代赈项目推行信息公示公告制度，主动接受社会监督。项目开工前，业主单位应对项目名称、资金来源及金额、建设地点、建设内容及规模、建设周期等信息予以公示。项目施工期间，业主单位应在施工现场对群众务工信息、劳务报酬发放标准、监督举报电话等内容进行公示。项目建成后，业主单位应在项目点设置永久性公示牌，公示项目建设相关信息和当地群众参与务工、获取劳务报酬等受益情况。

第三十二条　以工代赈项目建成后，县级发展改革部门应会同有关部门组成验收工作组，重点对项目建设质量、群众务工组织、劳务报酬发放、就业技能培训等落实情况开展验收，并对项目发挥"赈"的作用效果进行评价。

县级发展改革部门和相关乡镇人民政府应加强项目档案资料管理。省、市发展改革部门应对项目验收、档案资料管理情况进行抽查检查。

第五章　农业农村基础设施建设领域推广以工代赈方式

第三十三条　推广以工代赈方式的农业农村基础设施建设领域，主要包括投资规模较小、技术方案相对简单、用工技能要求不高的农村生产生活基础设施，农村小型交通、水利、文化旅游和林业草原等基础设施建设。

第三十四条　适宜在农业农村基础设施建设领域推广以工代赈方式的省份，省级发展改革部门应会同相关部门建立健全省级推广以工代赈方式项目储备库（或清单，下同），按年度滚动管理。对于农业农村基础设施项目，在不影响项目建设进度和施工质量等前提下，应尽可能纳入项目储备库，采取以工代赈方式实施。

第三十五条　县级发展改革部门应牵头统筹协调县域范围内农业农村基础设施建设领域推广以工代赈方式工作，结合实际制定工作流程、管理细则和考核办法，建立县级推广以工代赈方式项目储备库，规范项目组织实施和管理工作。

第三十六条　县级发展改革部门会同相关部门负责农业农村基础设施建设领域推广以工代赈方式项目的认定工作，提请县级人民政府审定后，纳入县级推广以工代赈方式项目储备库管理，符合条件的项目可通过安排以工代赈专项资金予以支持。

按照招标投标法和村庄建设项目施行简易审批的有关规定要求，农业农村基础设施建设领域推广以工代赈方式项目可以不进行招标。

第三十七条　经认定为推广以工代赈方式的项目，应严格落实组织群众务工、开展就业技能培训等以工代赈政策要求，及时足额向当地农村群众发放劳务报酬，尽量提高项目资金中劳务报酬发放比例。

第六章　重点工程项目实施以工代赈

第三十八条　适用以工代赈的重点工程项目建设领域，包括政府投资的交通、水利、能源、农业农村、城镇建设、生态环境、灾后恢复重建等。

第三十九条　各地在谋划实施政府投资的重点工程项目时，应在确保工程质量安全和符合进度要求等前提下，按照"应用尽用、能用尽用"的原则，结合当地群众务工需求，挖掘主体工程建设及附属临建、工地服务保障、建后管护等方面用工潜力，尽可能通过实施以工代赈帮助当地群众就近务工实现就业增收。

鼓励非政府投资的重点工程项目采取以工代赈方式扩大就业容量。引导民营企业、社会组织等各类社会力量采取以工代赈方式组织实施公益性帮扶项目。

第四十条　国家发展改革委会同相关部门，结合各相关领域重点工程项目中能够实施以工代赈的建设任务和用工环节指导目录，分年度明确国家层面适用以工代赈的重点工程项目清单。

地方各级发展改革部门按照"分级负责、分领域推进"的原则，会同相关部门分年度明确本级适用以工代赈的重点工程项目清单。

县级发展改革部门应牵头协调县域范围内重点工程项目实施以工代赈工作，规范以工代赈务工人员组织、劳动技能培训和安全生产培训、劳务报酬发放监管等具体工作管理。

第四十一条　实施以工代赈的重点工程项目可行性研究报告或资金申请报告、初步设计报告或施工图设计文件、批复文件等，应明确适用以工代赈的建设内容和用工环节等政策要求。项目相关招标投标、签订劳务合同过程中应明确当地群众用工和劳务报酬发放要求等。

第四十二条　实施以工代赈的重点工程项目所在地应建立劳务沟通协调机制，以县域为主组织动员当地农村劳动力、城镇低收入人口和就业困难群体等参与务工，抓好以工代赈务工人员组织、劳动技能和安全生产培训、劳务报酬发放监管等具体工作。

第四十三条　实施以工代赈的重点工程项目所在地应统筹各类符合条件的培训资金和资源，充分利用项目施工场地、机械设备等，采取"培训＋上岗"等方式，联合施工单位开展劳动技能培训和安全生产培训。

第四十四条　鼓励实施以工代赈的重点工程项目业主单位、施工单位尽量扩充以工代赈就业岗位，及时向项目所在地县级人民政府相关部门告知用工需求和用工计划，合理确定以工代赈劳务报酬标准，尽可能增加劳务报酬规模，按程序及时足额发放到位。

第四十五条　东部省份在广泛组织动员当地群众参与重点工程项目建设的同时，可结合本地区经济发展水平、当地群众务工需求等情况，大力吸纳中西部省份外出务工人员参与工程建设。

第七章　监督检查与法律责任

第四十六条　国家发展改革委会同相关部门建立健全以工代赈工作监督检查和成效综合评价机制，对以工代赈专项资金和项目管理、在农业农村基础设施建设领域推广以工代赈方式和重点工程项目中实施以工代赈工作情况开展监督检查和成效评价，及时发现并推动解决以工代赈政策执行中的问题和偏差。

第四十七条　省级发展改革部门应对市县以工代赈工作开展常态化跟踪督促和年度成效综合评价，配合审计、财政等部门做好以工代赈专项资金和项目督促检查和审计工作。

对发现问题突出或评价结果较差的市县，省级发展改革部门应及时予以通报或约谈，提出整改要求，酌情调减或暂停其以工代赈专项资金安排。

第四十八条　对由于各省在以工代赈项目资金申请前期审核不严而造成较大损失的，国家发展改革委可视情节在一定时期和范围内不再受理其报送的以工代赈计划草案。对地方擅自变更建设内容、建设规模的，劳务报酬弄虚作假，以及在投资计划执行和项目实施中出现重大问题的，国家发展改革委可酌情减少或暂停其以工代赈专项资金安排。

第四十九条　在编报下达以工代赈计划工作中，有滥用职权、玩忽职守、徇私舞弊、索贿受贿以及违反规定原则、程序下达投资计划或安排项目等行为的，责令限期改正，并视具体情况追究有关责任人的行政责任；构成犯罪的，由司法机关追究刑事责任。

第五十条　在以工代赈专项资金和项目管理过程中，出现重大问题或达不到预期效益的，对相关责任部门予以通报批评，并酌情调减当地下一年度以工代赈投资规模。

凡拖欠、截留、挪用、挤占、骗取、贪污以工代赈投入的，以及存在群众务工组织弄虚作假、劳务报酬虚报冒领等行为的，责令限期归还、如数追缴，并转请有关部门依法依规依纪从严处置；构成犯罪的，依法追究刑事责任。

第八章　附　　则

第五十一条　本办法由国家发展改革委负责解释。省级发展改革部门可根据工作需要制定或修订本省以工代赈管理实施细则，并报国家发展改革委备案。

第五十二条　本办法自2023年3月1日起施行。国家发展改革委2014年12月29日印发的《国家以工代赈管理办法》同时废止。

图书在版编目（CIP）数据

农民参与乡村建设知识问答 ／《农民参与乡村建设知识问答》编写组编. —北京：农村读物出版社，2023.2（2024.11重印）

（建设宜居宜业和美乡村 推进农业农村现代化）

ISBN 978−7−5048−5842−9

Ⅰ.①农… Ⅱ.①农… Ⅲ.①农村经济建设−中国−问题解答 Ⅳ.①F323−44

中国国家版本馆CIP数据核字（2023）第050752号

中国农业出版社出版
地址：北京市朝阳区麦子店街18号楼
邮编：100125
策划编辑：刁乾超
责任编辑：任红伟　　文字编辑：吴沁茹
版式设计：李文革　　责任校对：吴丽婷　　责任印制：王　宏
印刷：北京缤索印刷有限公司
版次：2023年2月第1版
印次：2024年11月北京第4次印刷
发行：新华书店北京发行所
开本：880mm×1230mm　1/32
印张：4.25
字数：100千字
定价：28.00元
